Vocabulaire de...

Collection dirigée par Jean-Pierre Zarader

Le vocabulaire de

Hegel

Bernard Bourgeois

Professeur à l'Université de Paris I

ellipses

Dans la même collection

Le vocabulaire de Bergson, par Frédéric Worms
Le vocabulaire de Berkeley, par Philippe Hamou
Le vocabulaire de Fichte, par Bernard Bourgeois
Le vocabulaire grec de la philosophie, par Ivan Gobry
Le vocabulaire de Hegel, par Bernard Bourgeois
Le vocabulaire de Heidegger, par Jean-Marie Vaysse
Le vocabulaire de Hume, par Philippe Saltel
Le vocabulaire de Kant, par Jean-Marie Vaysse
Le vocabulaire de Maine de Biran, par Pierre Montebello
Le vocabulaire de Platon, par Luc Brisson et Jean-François Pradeau
Le vocabulaire de saint Thomas d'Aquin, par Michel Nodé-Langlois
Le vocabulaire de Schopenhauer, par Alain Roger
Le vocabulaire de Spinoza, par Charles Ramond

ISBN 2-7298-5830-X

32, rue Bargue 75740 Paris cedex 15

Le vocabulaire utilisé par Hegel est, dans ses termes, très simple, composé qu'il est des mots de la langue la plus populaire. Le penseur l'a, d'ailleurs, voulu expressément tel : il combat, en philosophie, l'emploi de termes abstraits, surtout fabriqués par le philosophe s'imaginant à tort qu'il a à dire autre chose que la vie et, donc, à le dire par d'autres mots que ceux dont celle-ci se sert. La philosophie vraie, spéculative, doit refléter ce qui est, et elle doit l'exprimer dans la langue ordinaire. Pour Hegel, la plus haute culture d'un peuple requiert de tout exprimer dans la langue familière, et cette exigence s'adresse d'abord à la philosophie, cime de la culture. Aussi, le vocabulaire hégélien est-il par principe porté par le vocabulaire basique allemand : *Sein* (être), *Werden* (devenir), *Etwas* (quelque chose), etc. ; il promeut des expressions courantes : *an sich* (en soi), *für sich* (pour soi)... Cette grande familiarité lexicale du discours de Hegel fait contraste avec la non moins grande difficulté que ce discours oppose à sa compréhension.

Et pourtant, puisque la syntaxe et le style d'un tel discours, en leur particularité formelle (complexité et densité de la phrase, par exemple), ne heurtent pas foncièrement le discours usuel, il faut bien chercher la raison essentielle de la difficulté en question dans la mise en réseau discursive proprement hégélienne du contenu morphologique. Cette mise en réseau, qui exprime la pensée en son inventivité singulière, insère les mots dans des relations variées, parfois surprenantes, en exploitant leur sens tissé dans leurs entrecroisements au sein de l'expérience pensante linguistiquement objectivée du monde. C'est ce potentiel pensant des mots bien connus de la langue qui est, lui, non connu par la conscience ordinaire, et même philosophante, happée par les choses et ne réfléchissant pas sur elle-même, dans sa mobilisation alors insuffisante de ce qui peut et doit être pensé en elle pour que soit pensable sa propre possibilité telle qu'elle s'exprime. C'est lui que la philosophie spéculative peut et doit, selon Hegel, actualiser en le développant scientifiquement. Ce développement de la pensée qui n'est que *dans* le langage qui, lui, n'est que *par* elle, explicite son pouvoir originairement dialectique : un mot qui a un sens est, en lui-même, rapport différentiel, négatif, aux autres, et spéculatif : ces rapports se totalisent dans leurs termes. La langue allemande est, pour Hegel, de ce point de vue, privilégiée, elle qui fait dire en l'un de ses mots une telle vertu dialectico-spéculative de tous : *aufheben* dit bien identiquement la différence de *erhalten* (conserver) et *aufhören lassen* (faire cesser). La philosophie hégélienne a alors voulu faire se dire dans son discours explicitement totalisé le génie dialectico-spéculatif qui fait parler la conscience commune.

Un *Vocabulaire de Hegel* doit, par conséquent, lui-même s'efforcer de déployer, en chacun des articles retenus, et dans la perspective définie par chacun des mots expliqués, la totalisation articulée et hiérarchisée de leurs sens. Voulant actualiser en lui-même la signification proprement philosophante du vocabulaire hégélien, il imposera au lecteur la répétition d'un seul et même exercice de pensée, puisque, dans chaque article, c'est le même tout pensé et dit qui se dit singulièrement. Il est vrai que penser Hegel, c'est le repenser, toujours !

Absolu

* L'absolu, « en tant qu'il doit exprimer Dieu dans le sens et dans la forme de la pensée » (*E*, *SL*, § 85, p. 348), ne peut cependant pas être saisi comme étant en rapport avec ce qui serait radicalement autre que lui, ainsi que la religion se représente parfois Dieu. Car il désigne ce qui est absous, délié, sans lien ou relation avec quoi que ce soit d'autre qui le limiterait ou délimiterait. Il ne peut donc pas *être* déterminé, fixé ou rivé à une détermination ; mais pas non plus être *indéterminé*, ce qui le déterminerait face aux déterminations, lesquelles, même en tant qu'apparences, seraient alors quelque chose d'autre que lui. Il n'est donc lui-même que s'il *a en lui les déterminations*, et *toutes* les déterminations, qu'il totalise activement en lui en les maîtrisant, en les relativisant.

** L'absolu, qui n'est pas autre que le relatif puisqu'il pose bien plutôt en lui comme son contenu la totalité du relatif, est donc le sujet de toutes les déterminations idéelles (logiques) et réelles (naturelles et spirituelles), de la plus pauvre et abstraite : l'être (qui peut être dit de tout), à la plus riche et concrète : l'esprit pleinement transparent à lui-même dans le savoir philosophique achevé (qui ne peut être dit que du tout). Si l'absolu, l'un qui est le tout, n'est pas pris dans une différence d'avec autre chose, il *se* différencie ou détermine en lui-même. Il affirme par là son identité à soi dans les différences ou déterminations ainsi à la fois posées et niées comme telles en lui par lui-même : elles ont la réalité irréelle ou idéale de simples « moments » (aspects) de lui-même. La dernière d'entre elles est telle qu'elle ne renvoie pas à une autre, mais à elle-même, le contenu alors totalisé des précédentes, et qu'elle est donc l'absolu lui-même posé comme tel, l'absolu présent à lui-même dans le savoir absolu de lui-même.

*** Alors que Kant affirmait que la connaissance humaine ne saisissait que du relatif, l'absolu lui échappant définitivement comme une « chose en soi », Hegel installe d'emblée, de même que tout être, l'homme connaissant au sein de l'absolu. Et cela, à la place privilégiée qui lui est impartie, car il est déterminé comme participant au savoir de soi de l'absolu. Le savoir a toujours pour contenu l'absolu, mais qui se manifeste d'abord selon les moments, en tant que tels, relatifs, de lui-même — la *Phénoménologie de l'esprit* en expose la progression —, avant de se manifester comme l'absolu se manifestant dans la philosophie spéculative accomplie par Hegel comme *Encyclopédie des sciences philosophiques*. Contre toutes les théories rabaissant la connaissance à un simple intermédiaire (instrument ou milieu) déformant extérieurement l'absolu, Hegel en fait un moment de celui-ci, la présence à soi où il est vraiment lui-même. Comme le souligne l'Introduction de la *Phénoménologie de l'esprit*, nous ne saurions rien, même de relatif, de l'absolu, « s'il n'était pas et ne voulait pas être, en et pour lui-même, déjà auprès de nous » (*Phgie*, Introduction, p. 181). L'absolu, identité à soi qui se différencie d'avec elle-même et s'identifie à elle-même dans les différences ainsi posées, en se faisant par là totalité, n'est donc que par ce moment médian de lui-même en lequel il s'oppose à sa massivité comme relation à soi. Certes, parce qu'il est fondamentalement identité, il est exprimé essentiellement par son premier et son troisième moment, le moment d'entendement et le moment spéculatif, tandis que son deuxième moment, le moment dialectique (voir ci-dessous les articles : *Dialectique*, *Entendement*, *Spéculatif*), le fait paraître comme son Autre, mais c'est par ce moment de la relativité dialectique qu'il est vraiment ce qu'il est (l'Un qui est Tout), de même que, pour Hegel, le vrai Dieu est celui qui, dans la « religion absolue » du christianisme, assume en lui sa propre mort.

Aliénation (*Entäusserung-Entfremdung*)

* Action de se dessaisir (*ent-*) de quelque chose en le rendant extérieur (*-äusserung*) ou étranger (*-fremdung*) à soi. En sa première modalité, l'aliénation est davantage formelle (le contenu de ce dont on se dessaisit est maintenu) ; suivant la seconde, elle est davantage matérielle (le contenu en question est changé au point de devenir étrange pour celui qui s'en dessaisit). L'aliénation d'une chose (vente d'une propriété) la laisse subsister telle quelle : Hegel désigne bien, lui aussi, ce moment du droit par le terme *Entäusserung* (ou, de manière synonymique, *Veräusserung*). En revanche, l'aliénation d'une détermination de l'esprit (la réalisation d'une idée dans une œuvre mondaine, dont le milieu est l'Autre du sujet : l'objet ou les autres sujets) la modifie en son contenu, où le sujet peut ne plus se reconnaître du tout : Hegel désigne alors le processus, laborieux, de la culture (*Bildung* : façonnement, formation) par le terme *Entfremdung*. Mais, puisque toute modification du statut d'un être entraîne une modification de son contenu, la différence entre *Entäusserung* et *Entfremdung* devient une différence de degrés, et c'est

pourquoi il arrive à Hegel d'employer dans le même passage indifféremment les deux termes.

** Hegel généralise le concept d'aliénation et en fait un moment nécessaire essentiel de l'*existence spirituelle de l'esprit*. Existence de l'*esprit* : il n'est guère question d'aliénation, dans le sens de l'être, contenu de la Logique hégélienne, que lorsque ce sens se présente comme se réfléchissant en lui-même et, en cela, d'objectif, se fait subjectif ; et, pour ce qui est de la philosophie du réel, un tel thème n'apparaît à propos de la nature que pour évoquer son origine spirituelle : « La nature est l'esprit qui s'est aliéné à lui-même » (*E, N. Ph*, § 247, *Zusatz*, p. 50) ou son devenir-sujet dans l'être vivant. Existence *spirituelle* de l'esprit : celui-ci ne s'affirme tel qu'en surmontant son existence native, naturelle, individuelle ou collective, dans laquelle il adhère immédiatement à son milieu et, à travers ce milieu, qui se condense en son être reçu, à lui-même. La négation ou le sacrifice de son propre être qu'il opère alors ne consiste certes pas, pour lui, à se rendre passif de l'activité d'un autre sujet — l'homme n'a pas le droit d'aliéner ce qu'il est, même sa liberté très imparfaite en sa première expression, de se faire esclave d'un autre —, mais à se faire soi-même activité absolue, à n'être que ce qu'il se fait être. Telle est précisément la culture, « l'esprit qui s'est aliéné à lui-même », dont le règne, qui met fin, selon la *Phénoménologie de l'esprit*, à la vie éthico-politique antique où l'individu est immergé dans une collectivité particulière toujours déjà existante, caractérise le monde moderne, produit comme monde universel par l'auto-négation d'un tel individu ainsi particularisé. Cette période de la culture s'ouvre dans le sacrifice de soi de l'esprit absolu représenté, par le christianisme, comme le Dieu qui meurt à lui-même, pour se créer, à travers sa communauté portée par l'esprit vraiment saint, son monde de part en part spirituel. Cependant, si l'aliénation n'est pas première, elle n'est pas non plus dernière. Sa vérité, en effet, est de s'aliéner à elle-même et de laisser ainsi s'exprimer positivement l'auto-position de l'esprit alors réconcilié avec lui-même et jouissant d'autant plus de son unité avec lui-même que celle-ci s'est concrétisée et confirmée à même l'épreuve de son aliénation aliénée à elle-même.

*** Dans la mesure où l'universalisation de la notion d'aliénation s'accomplit en ce sens qu'elle est insérée dans l'absolu lui-même — expression spéculative du thème chrétien du Dieu qui meurt pour ressusciter —, le problème se pose du sérieux même de l'affirmation par Hegel d'une telle notion : dire de Dieu, qui ne peut mourir, qu'il meurt, n'est-ce pas simplement faire mourir la mort elle-même, annuler l'aliénation qu'elle achève ? Hegel évoque lui-même, dans la Préface de la *Phénoménologie de l'esprit*, la possibilité de ne pas prendre du tout au sérieux l'aliénation et son dépassement en Dieu, simple « jeu de l'amour avec lui-même » (*Phgie*, Préface, p. 69). Il est vrai que c'est pour souligner aussitôt qu'un tel aspect ludique de l'aliénation n'apparaît que si l'on envisage Dieu en tant qu'il est seulement *en soi*, processus trinitaire où le Père s'aliène en ce qui, comme son Fils, est encore intimement lié à lui, et que, en revanche, si l'on saisit Dieu en son aliénation réelle dans le monde où il s'incarne, souffre et meurt, alors celle-là est réellement elle-même, en tant qu'un moment divin qui se réfléchit en lui-même, une aliénation. Assurément, on pourra dès lors objecter — Marx l'a fait dans ses manuscrits de 1844 — que même cette aliénation dite réelle est idéalisée en son sens parce qu'elle est purement pensée, Hegel réduisant l'être à l'être su ou pensé ; l'Autre du Soi fondamentalement pensant ou conscient de soi serait l'objet comme tel pensable et ainsi apte à être réconcilié avec elle par la conscience de soi pensante. L'aliénation vraiment réelle serait, au contraire, la production, par l'homme réel non originellement transparent à lui-même en son activité concrète, d'un monde dont l'altérité ne se réduirait pas à sa simple forme d'objet, mais aurait un contenu objectif échappant, en sa détermination matérielle, à la seule subjectivité pensante. Mais la critique marxienne néglige, d'une part, la complexification croissante de l'aliénation hégélienne, qui n'est pas l'objectivation simplement formelle d'un sujet qui serait purement pensant et dont le pour-soi maîtriserait d'emblée son en-soi existant d'abord comme immédiateté sensible-naturelle ; et d'autre part, le fait que, si l'homme n'est pas purement pensant, il est toujours aussi pensant, et que c'est la pensée qui s'aliène comme telle en tout ce qu'elle dit et pose comme étant autre qu'elle, s'avérant par là le principe premier et dernier de l'aliénation et de son dépassement.

Âme

* L'âme est un moment, simplement un moment et le moment immédiat, primaire, non concret, de l'esprit. Elle est en effet l'intériorisation de la nature qui, comme réalisation (aliénante) du sens de l'être dans le milieu sensible de l'extériorité réciproque, nie alors sa forme essentielle et livre

son contenu, ainsi réfléchi en lui-même ou présent à lui-même dans le sentir, à l'esprit où elle vient se dépasser. Dans ce recueil spirituel immédiat de la nature qu'est l'âme, désignée par Hegel comme l'« esprit-nature » ou le « sommeil de l'esprit » (*E*, *Ph. E*, § 389, p. 185), le pour-soi (la forme déjà spirituelle) de l'âme et son en-soi (son contenu encore naturel) sont en symbiose, sans se faire face, déjà, comme un sujet et un objet, une telle différenciation ou extériorisation de soi de l'âme identique et intérieure à soi signifiant le surgissement en elle de la conscience. L'âme est donc l'esprit non encore scindé en lui-même et, par une telle distanciation à l'égard de lui-même, s'apparaissant à lui-même comme conscience ; elle est l'objet de l'*anthropologie*, alors que l'apparaître à soi conscientiel de l'esprit sera celui de la phénoménologie.

** L'interpénétration originaire de l'esprit et de la nature, constitutive de l'âme, interdit de juxtaposer celle-ci et le corps, comme l'a souvent fait la philosophie traditionnelle. Mais, parce que cette interpénétration a pour lieu l'esprit, dont l'unité — il est le sens total de l'être (l'Idée, comme dit Hegel) existant sensiblement en tant que sens — peut seule, en l'accueillant en elle-même, faire mériter à la nature, pour elle-même condamnée par sa contradiction interne (voir article *Nature*), d'exister, elle est une interpénétration spirituelle de la nature et de l'esprit : l'esprit, dans l'âme, a prise immédiatement sur la nature. La forme spirituelle maîtrisant ainsi le contenu naturel, les déterminations naturelles qui remplissent l'âme : la vie cosmique, sidérale, tellurique, les variétés d'origine géographique : raciales et ethniques, les singularités caractérielles, la différences des âges de la vie, celle des sexes, etc., ne font que la conditionner, la laissant libre pour les déterminations originairement spirituelles que l'esprit se créera plus tard en elle. L'intériorité à soi, la subjectivité, le Soi de l'âme affirme donc son pouvoir « magique » sur son contenu naturel ou extérieur à soi, idéalisé dans le sentir. Cependant, la symbiose hiérarchisée du sentant, identique à soi ou universel, et du senti, toujours divers ou particulier, signifie d'abord la consécration purement formelle, par le premier, du second alors fixé en son contenu particulier. Contradiction dont le dépassement exige que le Soi sentant universalise en lui-même un tel contenu, qui, généralisé, devient habituel et, par là, n'intéresse plus, ne fixe plus à lui-même le Soi. L'âme va dès lors se donner une effectuation mondaine adéquate à son essence spirituelle, s'opposer comme objet un monde dans lequel elle se retrouve pourtant comme sujet : cette extériorisation de soi de l'intériorité de l'âme est la conscience, dont l'anthropologie hégélienne est la genèse spéculative. L'âme est le processus par lequel l'esprit s'éveille naturellement de la nature et finit par se la donner comme objet en se posant face à elle comme sujet en tant qu'esprit conscient.

*** L'anthropologie hégélienne, qui anticipe et fonde conceptuellement nombre de thèmes que la psychologie ultérieure croira découvrir en se contentant souvent de les décrire (notamment celui du sentir pré-conscientiel), illustre avec éclat le génie spéculatif de Hegel. Car, dans l'unité de l'esprit, les différents moments de lui-même ne peuvent se juxtaposer comme le font, dans la nature — régie par le principe de l'extériorité réciproque —, ses divers règnes. Les déterminations de l'âme n'existent pas, normalement, pour elles-mêmes, mais sont intégrées, tels de simples aspects, dans les déterminations supérieures, plus concrètes, déjà de la conscience, puis des formes ultérieures de l'esprit. Elles sont donc présentes dans tout le champ de celui-ci, même en ce qu'il a de plus purement spirituel : toute idée, même la plus éthérée, se sensibilise dans l'âme, ce qui ne veut, certes, pas dire que, par exemple, la religion puisse se réduire au sentiment. Pourtant, l'intégration de l'âme dans et par l'esprit entièrement développé, parce qu'elle est spirituelle et non pas naturelle, est nécessaire quant à son sens universel, mais non en son existence singulière. En sorte qu'il peut y avoir conflit entre les déterminations de l'âme, toujours présentes comme moments, mais qui, alors, existeraient pour elles-mêmes, et, si l'on veut, celles de la conscience, dont la limitation libérerait les précédentes. Ainsi, l'entendement, qui unifie objectivement l'expérience du monde, peut se voir contredit par l'absolutisation que le sentiment de soi opère d'une représentation parcellaire vécue du monde. Une telle contradiction entre l'âme libérée pour elle-même et la conscience insuffisamment maîtresse de la première, contradiction qui empêche le Soi d'être chez lui en lui-même, qui l'aliène à lui-même dans lui-même, est la folie. L'esprit n'est réel que si tout, en lui, s'incarne en son être naturel, c'est-à-dire dans l'âme, mais celle-ci n'est vraie qu'en idéalisant son contenu propre dans les formes plus spirituelles de l'esprit. La philosophie de l'esprit de Hegel situe, de la sorte, en elle, l'anthropologie, sans la négliger ni l'absolutiser.

Art

* Si l'esthétique kantienne est essentiellement une esthétique de la contemplation du beau, offert dans la nature par le Créateur moral divin du monde, l'esthétique hégélienne est une esthétique de la création par l'homme du beau artistique. Cependant, en créant l'œuvre d'art, l'homme se dépasse lui-même et laisse s'affirmer en lui absolument l'esprit, c'est-à-dire l'esprit absolu ou divin. Bien loin d'être un simple divertissement, l'art est, pour Hegel, une expression, à travers l'esprit fini, de l'esprit infini au principe du sens universel de l'être. Mais c'est le premier moment seulement de l'esprit absolu, pour autant que celui-ci s'exprime dans l'œuvre d'art de façon purement sensible, alors que la religion, deuxième moment, dit le divin dans ce mélange de sensible (par le contenu) et de sens (par la forme) qu'est la représentation, et la philosophie, troisième moment, dans le sens pur ou le concept. C'est là ce qui fait la limite, aussi historique, de l'art.

** L'œuvre d'art, n'ayant pas sa raison d'être dans le seul travail d'un matériau rendu apte à satisfaire les besoins et désirs naturels, finis, de l'homme, exprime l'idée que l'esprit se fait, en celui-ci, de son infinité ou divinité. Une telle idée n'est pas d'abord saisie en sa pureté spirituelle, et le progrès historique de l'art traduit celui de la conscience de soi de plus en plus spirituelle de l'esprit. La vie de l'art est ainsi immergée dans la vie culturelle générale des peuples et, en celle-ci, liée fondamentalement au développement de la conscience absolue, religieuse, que l'esprit y prend de lui-même : l'art expose de façon purement sensible ce que la religion dit déjà aussi comme sens. La purification croissante de l'idée de l'esprit va alors de pair avec celle du matériau sensible, qui se dématérialise peu à peu, et c'est là ce qui constitue la série des arts. La matière brute de l'*architecture* suggère en ses agencements extérieurs d'abord colossaux l'infinité encore massive, non réfléchie en elle-même, de l'esprit. Le matériau purifié de la *sculpture* statufiant l'homme, réflexion en soi incarnée de l'esprit fini, exprime l'esprit infini comme esprit. Puis la matière idéalisée de la *peinture*, qui réalise selon les deux dimensions du tableau l'image intérieure du monde, dit l'esprit comme n'étant pas identique à son extériorisation sensible finie, mais autre que celle-ci où il s'aliène librement. Ensuite, le matériau purement temporel du son exprime en eux-mêmes les mouvements de l'âme, l'intériorité spirituelle qui se dit elle-même au lieu de dire l'extériorité mondaine, et telle est la *musique*. Enfin, le son lui-même se nie en tant que sensible dans le mot, lequel manifeste, dans la *poésie*, l'esprit comme sens transparent à soi de lui-même. Un tel développement systématique des beaux-arts est, de la sorte, commandé par le rapport sens-sensible à travers lequel l'esprit divin se présente dans l'œuvre d'art. Hegel distingue trois grandes étapes de ce rapport, marqué chacune par la prééminence d'un art ou d'un groupe d'arts, dont le principe influence la réalisation des autres. D'abord l'art *symbolique*, dans l'Orient asiatique, dont l'architecture ne peut qu'évoquer, par sa grandeur *sublime*, l'infinité de l'esprit. Puis l'art *classique*, triomphe de la Grèce antique, dont la sculpture exhibe la parfaite adéquation, dans la *beauté*, de la figure sensible humaine et de l'esprit en sa détermination ou singularisation, la liberté de sa réflexion en lui-même. Enfin, l'art *romantique*, celui de la modernité chrétienne, où la forme sensible en sa détermination croissante dans la peinture, la musique et la poésie privilégiées, exprime, à nouveau inadéquatement, mais en sa *vérité*, l'esprit libéré de la nature sensible où il s'incarne pour mourir à elle. L'art est ainsi ressaisi par Hegel dans sa systématisation conceptuelle déployée dans le temps de l'histoire universelle.

*** L'art romantique, moins beau mais plus vrai — en ce qu'il présente sensiblement l'esprit comme principe non sensible du sensible — que l'art classique, cime artistique de l'art, ne peut pourtant contenter absolument l'esprit humain qui réalise désormais spéculativement le message chrétien. L'achèvement conceptuel de la culture dévalorise l'art en tant qu'expression limitée, car sensible, du vrai : « L'art n'apporte plus aux besoins spirituels cette satisfaction que des époques et des nations du passé y ont cherchée et n'ont trouvée qu'en lui [...]. L'art est et reste pour nous, quant à sa destination la plus haute, quelque chose de révolu. Il a, de ce fait, perdu aussi pour nous sa vérité et sa vie authentique » (*CE*, I, p. 17-18). Une telle mort de l'art, qui a seulement rapport à sa mission de révélateur de l'absolu, ne signifie aucunement, aux yeux de Hegel, l'arrêt de la création artistique et de la jouissance finie offerte par celle-ci. Hegel décrit même l'art post-romantique ou — si l'on prend le terme en son sens emphatique qu'il a chez lui — post-artistique par des traits qui reflètent assez bien l'art contemporain. Simplement : seule la pensée peut apporter la pleine réconciliation de l'existence à une humanité qui a saisi et, pour une part, déjà réalisé ses exigences ultimes.

Aufheben

* Terme exemplaire, selon Hegel, du génie spéculatif de la langue allemande, en ce qu'il réunit intimement deux significations opposées, celles de conserver [*aufbewahren*] et d'abroger ou supprimer [*hinwegräumen*]. Le français, que Hegel considère comme une langue de l'entendement, qui fixe chaque sens à lui-même, en tant qu'exclusif de son opposé (ou bien... ou bien), n'a pas de terme correspondant à *aufheben*. On a alors, en forçant leur sens ou en les accompagnant d'explications plus ou moins laborieuses, proposé des termes courants : relever, enlever..., ou des néologismes : sursumer..., expédients qui violent le grand principe hégélien selon lequel la philosophie doit utiliser le langage habituel. Le mot « dépasser » respecterait ce principe, mais il a l'inconvénient de faire prévaloir la signification positive. Car, suivant Hegel lui-même, qui, lorsqu'il veut accentuer le sens positif de *Aufhebung*, lui ajoute l'adjectif *erhaltend* (conservant), le mot allemand souligne le sens négatif de suppression. *Aufheben*, c'est essentiellement supprimer, le résultat de la suppression ou négation n'étant pas un pur néant, mais un néant déterminé par l'*être* nié, donc possédant en lui-même un côté positif.

** L'identité de la conservation et de la suppression fait, certes, que conserver quelque chose c'est, en le préservant de la corruption, le supprimer comme se supprimant, le poser en niant sa négation, mais l'*Aufhebung* désigne plutôt la négation en tant qu'elle pose, la suppression en tant qu'elle conserve. Ce qui est nié ne peut l'être qu'en tant qu'il est déjà en lui-même nié, limité, déterminé, ce qui l'empêche d'être par lui-même, par lui seul. Cette auto-négation originaire est son caractère dialectique (voir article *Dialectique*) : A est non-A, soit B. Mais B étant lui-même non-B, soit A, ce qui est, c'est l'identité, spéculative (voir article *Spéculatif*), des deux opposés, ou leur totalité, soit C qui identifie A, parce qu'il est A = B, et B, parce qu'il est B = A, un A et un B qui demeurent tous deux dans cette totalité (parce qu'il y a deux sens de leur identité), mais avec un contenu changé (par exemple, A simple diffère de A qui est B), et un statut modifié (A et B ne sont plus des pseudo-êtres par eux-mêmes, mais ne sont que comme leur totalité à chaque fois sous un aspect différent d'elle-même, c'est-à-dire des « moments » de cette totalité). Leur négation comme êtres prétendus les conserve comme des déterminations idéales ou des moments de leur tout, nouveau, qui, seul, peut être. Ainsi, l'être, qui se révèle identique au néant, et le néant, qui se révèle identique à l'être, deviennent, mais comme disparaître et naître, les moments précisément du devenir, leur tout.

*** Il apparaît que tout ce qui n'est pas un *tout* et, finalement, *le* Tout, est passible d'une *Aufhebung* qui l'irréalise ou l'idéalise en un moment de ce qui seul est, le Tout. C'est là ce qui donne son sens à l'idéalisme hégélien. Cette négation du déterminé ou du quelque-chose n'est pas une négation extérieure, arbitraire, mais une auto-négation, une négation immanente, et par là nécessaire, de ce qui est nié, en tant que le déterminé, différencié ou opposé n'est ce qu'il est que par son lien à un Autre qu'il exclut en se condamnant lui-même alors au non-être. Cependant, le déterminé *est* son auto-négation, il ne l'*a* pas. Le Tout, lui, qui n'a rapport qu'à lui-même, n'a un contenu, l'ensemble des déterminations, qu'en tant qu'il *se* détermine ou *se* nie, sacrifice de soi qui vérifie bien plutôt son être qu'il ne le résout, et le fait échapper à toute *Aufhebung* parce qu'il en est le sujet absolu.

Chose (*Sache*)

* À la différence de la chose (*Ding*), corrélat de la simple *conscience* percevant ou recevant l'unité encore purement sensible, donc labile, de la multiplicité sensible de ses propriétés, la Chose (*Sache*) est une objectivité de degré supérieur, corrélative de la *raison* qui, unité de la conscience passive de l'être et de la conscience de soi active, se retrouve elle-même, comme Soi agissant, dans les choses perçues, et s'y affirme donc comme libre en leur imposant sa propre unité. C'est ainsi que la chose appropriée par la personne juridique constitue une Chose. Cependant, l'unification seulement extérieure, en cela formelle, que le Soi apporte à la chose extérieure à lui devenue sa propriété, subsiste même lorsque la choséité mondaine et l'unité du Soi, au lieu de rester extérieures l'une à l'autre, s'unifient dans l'action mondaine de ce Soi. Alors, la Chose totalise sa multiplicité moyennant le Soi qui la fait se réfléchir en elle-même (telle est « la Chose même [*die Sache selbst*] » dont traite la *Phénoménologie de l'esprit* ; mais le Soi singulier, *individuel*, ne peut faire de cette « Chose même » un véritable *tout*. En tant que *Chose*, l'existence humaine ne peut être véritablement réconciliée en elle-même, c'est-à-dire être celle d'un *esprit*.

** L'étape de la « Chose même » qui, dans la *Phénoménologie de l'esprit*, ouvre la conclusion de la réalisation *individuelle* de la conscience humaine, consiste, pour celle-ci, à chercher sa réconciliation en et avec elle-même — par-delà les conduites du plaisir, du cœur pur et de la vertu échouant à imposer au cours effectif du monde un principe abstrait de satisfaction — en vérifiant dans son agir la certitude où elle est désormais de l'identité de ses projets singuliers, de ses dons naturels particuliers, et de la marche universelle des choses. La situation réelle, l'idéalité du but, l'agir mobilisant celle-là comme moyen de celui-ci, en leur accord recherché, sont affirmés comme des moments d'un seul et même ensemble pratique mondain. Cependant, l'agir qui relie entre eux et avec lui-même ces moments dont il fait partie ne peut vraiment en faire un tout, parce qu'il est un agir individuel, et non pas l'agir de ce tout (pour Hegel, le tout ne peut naître que de lui-même). L'unité de l'ensemble pratique est donc celle, précaire, non réelle, d'une Chose, une unité postulée par la conscience agissante qui la revendique pour peu qu'elle assume tel ou tel moment de l'ensemble : par exemple, si cette conscience n'a pas réalisé objectivement son but, elle l'a pourtant voulu, et elle fait de ce vouloir l'ensemble de la Chose en question, même si les autres consciences rechignent à l'admettre et considèrent qu'elle les trompe. L'unité des moments de l'ensemble pratique est donc une unité formelle, abstraite, qui peut être prédiquée de chacun d'eux par l'individu agissant : il la saisit comme ce qui les contient, bien loin qu'elle s'avère à lui comme le sujet total qui les produirait d'une façon originairement synthétique à travers les sujets individuels agissants en tant que membres de ce sujet total ou communautaire capable, en tant que tel, d'agir efficacement sur le monde en produisant son histoire, et que Hegel appelle l'esprit. La « Chose même » est au seuil de l'esprit, c'est-à-dire de l'être vrai. Elle n'est pas celui-ci.

*** En agissant dans la perspective de la « Chose même », réunion de tous les facteurs de l'action se résumant, d'une part, dans l'être universel (les conditions de l'action), d'autre part, dans le Moi individuel (pour l'instant, seul sujet de l'action), la conscience se fait raison, s'universalise, pour produire une existence unifiée, spirituelle, d'elle-même. Mais le spirituel, l'esprit comme être prédiqué d'un sujet qui, en tant même que raison, reste encore le sujet individuel, un Moi, ne peut être l'unité vraie qu'il doit être. Un tout véritable, et non pas le pseudo-tout que demeure la Chose, ne peut être produit que par le sujet lui-même total. L'esprit ne peut être que comme sujet, non pas comme simple prédicat. Voilà pourquoi Hegel désigne par l'esprit, dans la *Phénoménologie de l'esprit*, l'esprit universel ou communautaire, le Nous, qu'il étudie d'abord dans la Cité antique, antérieure à l'individualisme essentiellement moderne. C'est en participant à la vie et à l'action de la communauté dont il se sent un membre que le Moi peut jouir d'une existence pleinement réconciliée avec elle-même, une et universelle en elle-même. Tandis que, en se fixant à lui-même, et lors même qu'il affirme la « Chose même », il atteint un « spirituel » qui n'est encore que celui d'une « règne animal spirituel », non pas le règne de l'esprit lui-même.

Concept (*Begriff*)

* Si la philosophie hégélienne, qui expose l'être comme le tout, peut se présenter comme la philosophie du concept, donc du tout comme concept de lui-même, c'est qu'elle ne réduit pas le concept à sa définition courante de représentation d'un sens général abstrait de contenus d'abord sensibles qui, eux, révéleraient le réel. Une telle définition du concept par les conditions subjectives de son acquisition historique dissimule la raison d'être de celle-ci, à savoir la fonction même de celui-là, qui est de faire comprendre (*begreifen*, c'est comprendre), poser synthétiquement, le contenu divers de quoi que ce soit à partir de son sens simple, identique à soi, comme loi de composition d'un tel contenu en sa différenciation interne. Cette composition conceptuelle de tout, du tout, se découvre et exprime, certes, d'abord subjectivement, mais elle est, pour Hegel, qui fait s'accomplir l'être dans son savoir de lui-même, constitutive de tout ce qui est. L'*ontologie* hégélienne du concept se justifie par la démonstration, établie dans la *Science de la logique*, que l'être n'est, c'est-à-dire n'échappe à la contradiction qui l'anéantirait, que si son identité à soi n'est pas seulement de type qualitatif, quantitatif, substantiel, causal, etc., mais telle que l'exprime la relation conceptuelle présente à elle-même dans la connaissance spéculative. Pour Hegel, le concept est bien le principe créateur de l'être.

** La totalité de ce qui est, identité de son identité et de sa différence, ne peut être elle-même ni seulement immédiate, identique à soi, donc sur le mode de l'*être*, car elle est alors différente *d'*elle-même, ni seulement médiatisée, posée, pour autant qu'en elle l'identité, comme *essence*, pose la différence, et par là est différente *dans* elle-même. Elle n'est totalité que si, en elle, l'identité se pose dans sa différence de façon à être différenciation de soi, détermination de soi, auto-détermination, bref : *concept* qui est, identique à soi, immédiat, en tant qu'il est posé, différent de soi, médiatisé. L'insuffisance de l'être et de l'essence impose l'affirmation du tout comme concept, qui, par son être, fait être, relativement, l'être et l'essence. Bien loin, par conséquent, que le concept doive son être au contenu offert par la représentation sensible (donnant de l'être) ou intellectualisée (réfléchie comme essence) comme un objet autre que lui, il le constitue en sa réalité vraie. Kant a eu raison de définir le Moi unifiant par ses concepts comme le pouvoir objectivant le contenu sensible des représentations, mais il a eu tort de présupposer à l'unification conceptuelle de l'objet un matériau sensible incitant à limiter le concept par une chose en soi, cette relation de subsomption de ce dont il y a concept, comme d'un contenu, sous le concept, comme simple forme, se retrouvant dans la subsomption des divers concepts, comme contenu intellectuel, sous le « Je pense » lui-même réduit à une pure forme. Hegel qui ne se contente pas de subordonner la différence à l'identité, mais la fait produire ou mieux — car c'est une production présente à soi, maîtrisée — créer par cette identité, voit dans le concept la forme infinie qui, comme telle, se fait son propre contenu, se donne sa réalité : un concept crée ce dont il est le concept, et lui-même, comme concept déterminé, différencié, divers, est l'auto-réalisation du seul et unique concept qu'est le tout de l'être en son principe, le sujet ou l'esprit absolu. Assurément, le tout de l'être est le concept complètement auto-différencié, objectivé, réalisé dans et comme l'Idée, et c'est cette Idée que le philosophe fait s'exposer en lui. Mais la puissance créatrice de l'Idée, immanente à elle et la maîtrisant de l'intérieur, est le concept, et c'est pourquoi la philosophie spéculative se présente, en sa vie même, comme une philosophie du concept.

*** On peut saisir la dimension *théologique* de la conception hégélienne du concept. Hegel souligne bien l'accord entre sa doctrine et la représentation chrétienne du Dieu qui a créé le monde à partir de rien, il s'entend : de rien d'autre que lui, qui s'est fait autre que lui-même en livrant le sens de la Création à travers sa propre Incarnation : « Il est par là reconnu que la pensée, et plus précisément le concept, est la forme infinie ou l'activité libre, créatrice, qui n'a pas besoin d'une matière donnée hors d'elle pour se réaliser » (*E*, *SL*, § 163, Addition, p. 594). Cette pensée du concept comme universalité non abstraite mais se particularisant concrètement et, par cette réflexion de lui-même comme universel en lui-même comme particulier, se manifestant comme singularité créatrice du tout, est « une pensée dont il faut dire qu'il a fallu des millénaires avant qu'elle ne pénétrât dans la conscience des hommes, et qui n'a obtenu sa pleine reconnaissance que grâce au christianisme » (*ibid.*, p. 593). Le hégélianisme, sur ce point pour lui capital, reconnaît ainsi lui-même, dans sa propre genèse historique, sa dette envers la religion dont il a voulu être la rationalisation. On n'a pas manqué d'inverser une telle relation en voyant en lui une christianisation de la raison. Il faut pourtant dire que, dans sa justification philosophique, l'affirmation de l'absolu, en son sens, comme concept, est une stricte démonstration dialectique purement conceptuelle, et que celle-ci, en son développement précis, n'a pas encore été réfutée à sa propre hauteur.

Conscience

* La conscience, au sens strict du terme, est le deuxième moment de l'esprit en sa constitution subjective d'esprit se sachant tel en tout ce qu'il sait. Elle suppose l'âme, qui, ayant achevé sa négation de l'extériorité naturelle par l'intériorisation de celle-ci, se nie elle-même en extériorisant par rapport à sa forme, devenue présente à soi comme sujet, son contenu représenté dès lors comme objet (*Gegen-stand* : ce qui se tient en face, ce qui s'objecte). La conscience, cet apparaître à soi de l'âme qui s'est mise à distance d'elle-même dans le face-à-face sujet-objet, est étudiée par la *phénoménologie* (le phénomène, c'est ce qui apparaît), laquelle suit donc l'anthropologie, étude de l'âme, et précède la psychologie, étude de l'esprit en tant que, pris lui-même strictement, il est la réconciliation avec l'objet du sujet qui se retrouve en lui et jouit donc de sa liberté. La *Phénoménologie de l'esprit* de 1807 expose en sa nécessité le processus de la conscience à même son contenu, aussi mondain et supra-mondain, le plus total, depuis la certitude sensible élémentaire jusqu'à la foi religieuse en l'unité de l'Homme-Dieu, identité du sujet singulier et de l'objet universel, présupposition ultime du savoir absolu qui, sachant l'absolu comme se sachant lui-même en lui, dépasse en sa visée la dualité conscientielle.

** Entre l'âme, symbiose vécue — dans le sentir — de ce qui n'est pas encore pour soi un sujet avec ce qui ne se donne pas encore comme un objet, et l'esprit accompli dans le savoir absolu, où le sujet se sait pleine identité de lui-même et de ce qui n'est plus pour lui un objet, une objection, un Autre, se déploie la conscience, lieu de l'opposition, de la scission du sujet et de l'objet, donc de l'épreuve — du malheur — qu'est, au fond, l'*expérience*. L'« expérience de la conscience », dont la *Phénoménologie* se présente, en son titre complet, comme la science, est, de la sorte, une expression tautologique. Mais la contradiction — Je est (lié intimement à) un Autre — se contredit elle-même : souffrir, c'est vouloir ne plus souffrir ! C'est pourquoi la conscience est le mouvement de se surmonter elle-même en direction du savoir absolu. Un mouvement qui, avant ce terme, est sans cesse déçu en son intention et constitue par là un « calvaire », puisque, à chaque fois, l'Autre est surmonté dans un Autre encore plus limitant, puisqu'il finit par se présenter comme le Dieu tout-puissant, avant que la toute-puissance d'un tel objet, de l'Objet, se manifeste dans la bonté de l'Incarnation, annonciatrice de la réconciliation de l'aliénation conscientielle. Il y a là une dialectique immanente à la conscience. Car celle-ci a dans l'objet dont elle est certaine comme du vrai, c'est-à-dire comme de ce qui est identique à soi quel que soit son contenu, la norme exigeant qu'elle surmonte leur différence en identifiant à l'objet son mouvement subjectif de parcours de cet objet. Le mouvement subjectif d'assimilation de l'ancien objet constitue alors le nouvel objet, tant que l'objet n'a pas objectivé tout le dynamisme du sujet alors devenu pour soi tout ce qu'il était en soi, sujet qui se sait comme tel en s'élevant par là de la conscience à l'esprit.

*** La philosophie hégélienne de la conscience est ainsi une relativisation de celle-ci et, en conséquence, une critique des philosophies qui absolutisent sa structure dualiste en la traitant comme coextensive à l'esprit, tel, du moins, qu'un discours sensé peut être tenu sur lui ; la philosophie moderne prototypique de la conscience est pour Hegel le kantisme. Il y a un avant spirituel et, surtout, un après spirituel de la conscience ; il y a un sentir qui n'est pas encore un savoir (*Wissen*) ou une certitude (*Gewissheit*) sensible, et un savoir qui n'est plus, en son sens, sensible, le savoir absolu où l'être est dit, conceptuellement, tel qu'en lui-même. Entre ces deux présences à soi, pré-conscientielle et post-conscientielle, de l'esprit, s'étend le domaine de cette représentation (*Vorstellung* : représentation, c'est position — *Stellung* — face à — *Vor* —, ob-jectivation) qu'est fondamentalement la conscience. La philosophie de Hegel n'est pas une philosophie « représentative », enfermant la pensée dans la représentation. Mais Hegel, moins prétentieux et naïf que certains de ses lointains successeurs, sait que le savoir absolu ne peut se dire, s'objectiver dans un discours qu'en s'aliénant lui-même immédiatement dans la représentation ou la conscience dont il est le dépassement constant. Le savoir absolu n'est pas un état, mais l'activité ou la négativité constante de l'auto-négation spéculative de la conscience, la vitalité suprême de l'esprit.

Contradiction

* Si l'entendement courant limite la contradiction au dire, au penser, et à un certain dire ou penser jugé alors faux (deux propositions contradictoires ne peuvent être l'une et l'autre vraies), la raison hégélienne affirme que tout être la contient en lui : « où que ce soit, il n'y a absolument rien en quoi la contradiction, c'est-à-dire des déterminations opposées, ne puisse et ne doive être montrée » (*E*, *SL*, § 89, p. 355). Toute chose est contradictoire en tant qu'elle réunit ou identifie en elle intimement des déterminations manifestement contraires, voire simplement différentes, le fait, pour elle, d'être ainsi à la fois identique et non identique à elle-même dans elle-même constituant son opposition interne ou sa contradiction (cela dit à l'encontre du reproche, souvent adressé à Hegel, d'avoir confondu contrariété et contradiction).

** La reconnaissance de l'omniprésence de la contradiction se heurte à l'obstination de l'entendement rivé au principe de l'identité abstraite : A est A, non pas non-A. Devant une contradiction, l'entendement commence par fixer l'un des opposés en occultant l'autre, et, si c'est impossible, décrète la nullité de l'être qui en est le lieu, comme Zénon le faisait du mouvement. Il utilise même, dans la sophistique, la contradiction comme preuve du néant de ce qu'il rejette. Bref, pour lui, la contradiction, bien loin d'être essentielle et positive, est un accident négatif à éviter. Cependant, à sa cime kantienne, l'entendement philosophant, tout en maintenant le caractère négatif de la contradiction, lui reconnaît une nécessité essentielle sous la forme de l'antinomie cosmologique, même si Kant continue de loger la quadruple contradiction du monde pensé (aussi bien comme fini que comme infini, etc.) dans la *pensée* illusoire du monde (qui veut appliquer les catégories de l'entendement à l'objet de la raison), et non dans le *monde* lui-même. Il faut dépasser cette timidité kantienne en affirmant que la contradiction est objective, et non pas seulement subjective, et qu'elle est partout. Avec un statut, il est vrai, varié. Dans la nature physique, régie par l'extériorité réciproque et la finitude, les choses sont emportées par leur contradiction interne. L'être vivant, qui est, lui, un tout, donc comme tel en soi infini, donc non lié à une détermination particulière, finie, supporte la négation constituée par celle-ci : il en souffre, mais, puisque souffrir, c'est tendre à supprimer la souffrance, il est poussé au-delà d'elle ; la contradiction ressentie est bien la source de tout mouvement spontané, de toute vie, de toute activité. Mais c'est dans la vie de l'esprit que la contradiction révèle toute sa vertu. L'histoire du monde en est le lieu éclatant : « Ce qui, d'une façon générale, meut le monde, c'est la contradiction » (*E*, *SL*, § 119, Addition, p. 555). Loin, donc, d'exclure la contradiction, l'esprit, qui est en et pour soi infini, a la force de la supporter en toute son acuité en y puisant sa richesse : il sait, en effet, qu'il est infini et que, dès lors, toute détermination en lui n'est qu'autant qu'il la pose et, par conséquent, peut la déposer, comme un moment de sa culture. L'accomplissement philosophant de l'esprit, la pensée spéculative, accueille et cultive en elle la contradiction au cœur d'elle-même comme son moment moteur, le moment dialectique.

*** Si tout est contradictoire (identique et différent) sauf le tout lui-même, pourtant ce tout n'est pas sans contradiction puisque, comme totalité, il est précisément l'identité de l'identité et de la différence, mais il *a* la contradiction au lieu de l'*être*. Il la maîtrise au lieu de la subir, il *se* nie sans *être* nié. C'est bien le message chrétien du Dieu qui se sacrifie et meurt pour sauver et vivifier l'être fini, que Hegel a voulu exprimer rationnellement ou conceptuellement. L'identité se différencie ou se détermine, et cette auto-détermination ou liberté la fait s'aliéner ainsi à elle-même, accueillir par là en elle-même la misère (*Not*) de la nécessité (*Notwendigkeit*), alors immédiatement surmontée et transfigurée. La dialecticité de l'identité se faisant totalité par sa différenciation d'elle-même se dépasse donc spéculativement dans la jouissance de sa puissance à travers sa bonté même. L'affirmation de l'être triomphe dans la négation de sa négation, la contradiction de sa contradiction.

Dialectique

* Il faut, chez Hegel, distinguer *le* dialectique et *la* dialectique. Le dialectique constitue l'un des trois moments, l'une des trois dimensions signifiantes essentielles, de tout ce qui a sens et être. Toute chose est, d'abord, identique à elle-même : cette identité à soi, qui fait qu'elle est et qu'elle peut être dite, est son moment d'entendement (A est A). Mais une telle identité pour elle-même abstraite n'est celle de telle chose, d'une chose déterminée, différenciée en elle-même et, par là, réellement, de toute autre, que pour autant que la chose est non-identité, différence d'avec elle-même en elle-même, donc, en vérité, contradictoire, ou identique à son opposée. Tel est son moment dialectique (A est non-A, soit B) : « le moment dialectique est la propre auto-suppression [des] déterminations finies, et leur passage dans leurs opposées » (*E, SL*, § 81, p. 343). Celui-ci exprime déjà la raison — pouvoir suprême d'identification, car des opposés eux-mêmes —, mais négative : l'identification des opposés annule chacun d'eux. Le troisième moment, dit spéculatif, exprimera la raison en sa positivité en saisissant le néant d'une détermination, néant déterminé, comme une nouvelle détermination, positive, se nourrissant de l'auto-négation dialectique des opposés identifiés l'un à l'autre (c'est l'identité positive de A qui se nie en B et de B qui se nie en A). Comme on le voit, le dialectique, raison négative, médiatise l'entendement avec la raison positive du spéculatif et, en cela, fait des trois moments un unique processus qu'on peut donc désigner comme *la* dialectique. Celle-ci est le processus immanent qui, mène, par la différence d'avec soi (la contradiction) du dialectique, de l'identité abstraite de l'entendement à l'identité concrète ou totale de la raison.

** La dialectique est souvent prise, de façon péjorative, comme un procédé subjectif artificiel s'ingéniant, pour la disqualifier, à susciter dans une notion une apparence de contradiction ; apparence, car un être véritable est jugé ne pouvoir contredire sa foncière identité à soi. Tout aussi négative dans son résultat, si son intention est sérieuse, apparaît la démarche du *scepticisme*, qui fait culminer la pensée en son moment dialectique destructeur de tout ce qui est pensé, sans voir qu'il affirme le penser comme identique à lui-même en cette activité négatrice de tout ce qui est. Mobilisée positivement au service de l'affirmation du vrai, la dialectique ironique de Socrate, antisophistique, reste une méthode subjective. C'est, pour Hegel, Platon qui dégage le premier la dialectique objective du contenu des déterminations intelligibles (l'Un, le multiple...). Ce que Kant confirme à l'époque moderne dans le traitement de l'antinomie cosmologique, mais en rechutant, eu égard au statut assigné à celle-ci, dans le subjectivisme, tout nécessaire qu'il soit. Hegel a conscience de donner enfin au dialectique son rôle universel fondamental. Ontologiquement, certes, ce dialectique « est en général le principe de tout mouvement, de toute vie et de toute manifestation active dans l'effectivité », si bien que « tout ce qui nous entoure peut être considéré comme un exemple du dialectique » (*E*, *SL*, § 81, Addition, p. 513 *sq.*), du mouvement des corps célestes au progrès de l'histoire humaine, mais aussi gnoséologiquement, car il est « l'âme motrice de la progression scientifique [...], le principe par lequel seul une *connexion et nécessité immanente* vient dans le contenu de la science » (*ibid.*, § 81, Rem., p. 344). Alors que la nécessité de la déduction, qui va de A à A, n'échappe à la tautologie qu'en présupposant un Autre qui la relativise (ainsi dans la synthèse *a priori* de Kant, avec sa présupposition de l'expérience possible), celle de la dialectique, qui montre que A est nié en non-A, ou B, lui-même nié en non-B, ou A, établit par là même que ce qui est nécessairement, c'est la négation de ces deux auto-négations réciproques, leur identité positive, soit C ; il y a là une nécessité qui est par elle-même un progrès. La philosophie ne peut être absolument scientifique, être, tout en un, synthétique et *a priori*, qu'en promouvant en elle, mais comme un simple moment, le dialectique à tort absolutisé par le scepticisme et ignoré par le criticisme comme par le dogmatisme.

*** Parce que le dialectique est le moment moteur de la dialectique, il ne fait pas que celle-ci se nie elle-même, ne serait-ce que provisoirement, en s'arrêtant ou fixant dans l'identité concrète où elle vient se reposer. Assurément, puisque le dialectique fait se nier le négatif enveloppé dans le moment abstrait, séparé, fini, de l'entendement et — en ce redoublement — débouche, par lui-même, dans le néant, il faut bien, si le dialectique lui-même est, que ce néant soit repris dans un être dont l'identité (seul est ce qui est identique à soi, s'il ne peut être seulement, abstraitement, identique à soi) intègre, pour le faire être, le devenir dialectique. Il faut que cette identité concrète soit, donc que la positivité spéculative soit. Cependant, l'auto-négation du négatif qu'est le dialectique ne peut par elle-même poser une telle positivité ; le négatif achevé exige sa propre négation, mais exiger n'est pas faire être !

L'identité spéculative, concrète ou totale, C, des différences en négation réciproque A et B excède par son sens leur simple somme (le devenir, première illustration d'une telle identité, est autre et plus que l'être et le néant additionnés, qui sont sa négation bien plutôt que sa position). Bref, le moment spéculatif, requis par le moment dialectique s'il y a de l'être, se pose lui-même, et pose dans l'être aussi ce moment dialectique. Pour Hegel, c'est bien l'*être* qui devient. À la différence de la dialectique ultérieure de Marx, la dialectique hégélienne est essentiellement une dialectique *spéculative* (voir article *Spéculatif*).

Effectivité (*Wirklichkeit*)

* L'effectivité ou la réalité effective dépasse la réalité comme simple existence ou simple phénomène autre que son sens essentiel. En elle, l'existence extérieure et l'essence intérieure ne font qu'un : la multiplicité donnée de la première, au lieu d'être pure apparition sensible disparaissante, est fixée comme le développement même de l'identité à soi pensée de la seconde, laquelle identité n'est qu'autant qu'elle se différencie en un tel développement. Une telle auto-différenciation de soi de l'identité qui comprend tout en elle définissant la raison, celle-ci est au principe de l'effectivité, qui n'est ainsi rien d'autre que l'effectuation (*Wirken* = œuvrer), dans la réalité existante, de cette raison. D'où la célèbre formulation de la Préface des *Principes de la philosophie du droit*, reprise dans l'Introduction de l'*Encyclopédie* : « Ce qui est rationnel est effectif, et ce qui est effectif est rationnel ». Double équation à lire selon la séquence elle-même rationnelle : parce que ce qui est rationnel est effectif, alors ce qui est effectif est rationnel ; c'est parce que la raison, première, s'effectue que l'effectivité est rationnelle.

** Hegel souligne — contre l'entendement qui oppose la raison comme totalisation du sens ou Idée, alors irréalisée en représentation subjective abstraite, et une réalité sensible ou existence phénoménale privée de toute dimension signifiante — que l'Idée, principe absolu, a la force de se réaliser telle qu'en elle-même en une effectivité pleinement sensée. Mais il marque tout autant les limites de la raison manifestée comme simple effectivité. L'effectivité, catégorie qui accomplit l'être comme cause essentielle de lui-même, comme production sensée de lui-même, pâtit de la limitation de la raison ou de l'Idée qui n'est encore qu'essence et non pas déjà de ce que Hegel appelle le concept (voir articles *Essence* et *Concept*). Unité première, immédiate, donc sur le mode de l'être, de l'essence productrice et de l'existence produite, l'effectivité *est* production d'elle-même (*causa sui*) ; elle n'*a* pas, ne maîtrise pas, cette production essentielle de l'existence, et, par conséquent, ne synthétise pas vraiment les moments d'une telle production. Ainsi, ce qui est produit, la *Chose* effective, puis l'*activité* productrice, enfin ce à partir de quoi l'activité produit la Chose : les *conditions* existantes, restent autres les uns que les autres dans leur réunion même. Cette identification de moments subsistants en leur différence est, pour ceux-ci, un destin autre qu'eux, la *nécessité*. Mais la nécessité de l'effectivité, parce qu'elle suppose, de la sorte, la différence de la réunion et des éléments réunis, est, au fond, une contingence relativement à ce qui, alors simplement présupposé par elle, la rend néanmoins possible. La raison effective n'est pas encore manifestée comme pleinement rationnelle. Le sens de l'effectivité requiert l'affirmation d'un être ou d'une existence qui, assurément, ne peuvent s'opposer efficacement à celle-là, toutefois, niables par elle, ne sont pas posés absolument par elle. Si de l'effectif se produit, *il y a* de l'ineffectif, de l'existant pur et simple, en lui-même non rationnel.

*** La raison n'a d'être comme raison qu'autant qu'elle se fait être en tant que concept, et non pas simplement en tant qu'essence. La raison conceptuelle se pose comme posant l'être, *a* donc, dans une parfaite transparence à elle-même, sa propre activité posante et, alors maîtresse absolue d'elle-même, l'est de tout ce qui a de l'être (pour, car par elle). Créatrice dès lors, et non plus simplement productrice, la raison conceptuelle pose même ce que, pour s'apparaître comme posante, elle niait, en tant qu'essentielle, comme simple présupposition d'elle-même. Se faisant réflexivement autre qu'elle-même, se retrouvant donc elle-même, ainsi *libre*, dans ce qui lui est autre, elle est assez sûre de sa puissance pour poser libéralement, dans sa bonté, son Autre comme Autre, libre lui-même d'elle ; sans que certes, ses libéralités ponctuelles puissent mettre en question son triomphe d'autant plus éclatant au niveau du sens universel des choses. La raison s'accomplissant conceptuellement, unité qui se médiatise en et avec elle-même de l'essence et de l'être, qui se fait par là *esprit* au lieu de rester simple raison essentielle ou *naturelle* (naturante pour reprendre le terme du substantialisme de Spinoza, que Hegel veut dépasser dans une philosophie du sujet), rend donc raison aussi de l'existence d'un ineffectif ou irrationnel, en tant même qu'elle dépasse le stade de l'*effectivité* en se donnant une *objectivité* comme sujet libre.

En soi, pour soi, en et pour soi (*an sich, für sich, an und für sich*)

* Expressions typiquement hégéliennes en ce qu'elles font dire par la langue la plus commune des données spéculatives fondamentales. Elles désignent les modes, constituant une progression nécessaire, selon lesquels l'être de quoi que ce soit est assumé. Tout ce qui est, idéalement ou réellement, est d'abord son être en soi, de façon enveloppée, en germe, potentiellement (il s'agit de la possibilité réelle, appelée *dunamis* par Aristote). Puis, dans un deuxième moment, l'identité simple de cet être déterminé se déploie dans le milieu extérieur à elle des différences : elle existe, est là (*dasein*), mais une telle activité qui la fait s'extérioriser en elle-même et exalte ainsi son propre pour-soi dissocie ce que son en-soi réunissait, sa forme identique à soi et son contenu différencié. Le troisième moment du processus de tout ce qui est constitue alors la réconciliation de l'en-soi et du pour-soi, l'être-en-et-pour-soi réalisant en acte (pour reprendre la terminologie aristotélicienne), dans le milieu scindant du pour-soi (ou de l'être-là), l'unité en soi de la forme identique à soi et du contenu différencié de quoi que ce soit. Par exemple, l'homme, qui est en soi libre même s'il existe comme esclave, se libère en voulant traduire extérieurement son libre arbitre purement formel, avant de faire de celui-ci la forme même de l'affirmation de soi du contenu en soi de sa liberté, l'actualisation subjective de l'auto-détermination objective de ce qui, seul, est vraiment, à savoir du tout.

** Le développement menant de l'en-soi, par le pour-soi, à l'en-et-pour-soi est souvent illustré chez Hegel par le processus végétal conduisant du germe, dont l'identité simple contient virtuellement toute la plante ou tout l'arbre en ses différences : tronc, branches, feuilles, fleurs..., par l'exposition de celles-ci, dont l'identité se réfléchit hors d'elles-mêmes, dans un pour-soi extérieur, jusqu'à leur achèvement dans une ultime différence, auto-négatrice puisqu'elle reproduit, comme fruit renfermant la graine, l'identité même de l'être végétal ; en un tel achèvement, celui-ci est là en son identité, tel qu'il est en soi, donc se redouble lui-même, est pour soi ce qu'il est en soi. Le développement de l'être se révèle ainsi identique à lui-même en ce que sa fin est son commencement alors posé en tant que tel, non par un être extérieur (observateur), mais par lui-même qui se fait *in fine* position de soi ; le concept de finalité exprime cette identité du commencement et de la fin moyennant un mouvement en cela purement interne ou immanent, par là absolument nécessaire. Pourtant, une telle identité à soi, bien loin d'ignorer la différence d'avec soi, s'en nourrit foncièrement. Si Hegel définit le rapport entre les trois moments du développement par les termes de contradiction ou de réfutation — la plante déployée contredit ou réfute le germe, comme la graine le fait d'elle-même —, c'est que chacun de ces moments est en lui-même animé par une contradiction interne qui rend nécessaire le moment suivant, car la contradiction se contredit pour une pensée assez responsable pour intégrer dans sa définition de l'être dont elle traite ce qui la rend elle-même possible, à savoir l'identité d'abord requise par le sens. L'être qui est seulement en soi, intérieurement, ce qu'il est, et dont l'existence, inévitable puisque l'essence n'est qu'à se manifester, est alors une extériorité opposée à son intériorité, souffre d'une contradiction intime qui lui est fatale. La suppression elle-même inévitable de cette contradiction est l'extériorisation de son être d'abord seulement intérieur ; mais une telle extériorisation est, en son cours, elle-même la contradiction d'une extériorité ou d'un être-là comme contenu manquant encore de sa forme unifiante, et d'une intériorité qui s'affirme pour elle-même en étant encore privée de son contenu réel. Cette nouvelle contradiction se contredit et supprime dans la réconciliation du pour-soi et de l'en-soi, pour autant que l'en-soi se pose comme ce qu'a, à titre d'objet, le pour-soi en et comme lequel se totalise subjectivement l'être-là déployant cet en-soi.

*** Cependant, l'être-en-et-pour-soi, qui n'est plus contradictoire en tant que mode d'être ou forme d'un contenu déterminé, d'un certain être, pris abstraitement pour lui-même, est, comme forme vraie d'un tel contenu non total, donc non vrai, emporté par l'être alors encore seulement en soi du tout. Celui-ci, s'étant développé comme tel, est seul à n'*être* plus contradictoire. Pourtant, posé comme tout, il *se* pose, *s*'expose, *se* contredit lui-même en tant que tel, dans un développement qu'il maîtrise dès lors absolument en son parcours à travers les trois moments de l'en-soi, du pour-soi et de l'en-et-pour-soi. Ce processus absolument maîtrisé, que l'être déploie selon le régime de la liberté et non plus de la nécessité, vérifie la portée universelle, en l'absolutisant ainsi, de la séquence ternaire : en soi, pour soi, en et pour soi, capitale dans le hégélianisme.

Entendement

* L'entendement (*Verstand*) est le pouvoir d'identifier à soi un contenu quelconque en faisant abstraction, c'est-à-dire en le différenciant, de sa différence ou diversité intérieure ainsi que de sa différence extérieure, médiatisée par la première, avec d'autres. Identifiant en différenciant ou en séparant, donc abstraitement ou formellement, ce qui n'est qu'une partie de ce qui, seul, est vraiment, à savoir de l'identité en elle-même différenciée ou concrète qu'est la totalité, l'entendement doit être apprécié aussi bien positivement que négativement. Positivement, en ce double sens que, faisant être ce qui, n'étant pas le tout, n'est pas, il est, par son statut, la puissance (négatrice) la plus prodigieuse qui soit, selon les termes mêmes de la Préface de la *Phénoménologie de l'esprit*, et que cette puissance qui identifie toute différence ou détermination à elle-même et fait que l'on peut donc s'y retrouver est la condition première du sens. Négativement, en ce sens également doublé que l'exercice d'une telle puissance, qui correspond à l'exigence élémentaire de la pensée, est ce qu'il y a de plus naturel et facile pour celle-ci, et que l'accomplissement de la pensée vraie, car totalisante, requiert l'intervention du pouvoir synthétisant ce que l'entendement fixe en sa séparation, pouvoir constituant la raison (*Vernunft*) en laquelle celui-là doit être dépassé. Simple moment du vrai, l'entendement a cependant un sens universel, non seulement subjectif ou gnoséologique, mais aussi objectif ou ontologique : il y a de l'entendement dans les choses, et non pas seulement dans la pensée. Ainsi, à la différence de Kant, qui avait le premier fixé la différence de l'entendement et de la raison, Hegel ne fait pas plus s'épuiser l'entendement dans la connaissance qu'il ne fait s'épuiser la connaissance dans l'entendement.

** Pour Hegel, l'entendement est le premier moment de l'être et de la pensée. Ce qui a de l'être et du sens est nécessairement identique à soi. Il est ce qu'il est en n'étant pas ce qu'il n'est pas, ainsi que l'affirme le principe dit, positivement, d'identité, ou, négativement, de contradiction, principe qui absolutise le travail de l'entendement : identifier à soi en séparant d'avec tout le reste : « La pensée en tant qu'entendement s'en tient à la déterminité fixe et à son caractère différentiel par rapport à d'autres ; un tel abstrait borné vaut pour elle comme subsistant et étant pour lui-même » (*E*, *SL*, § 80, p. 343). Mais l'entendement n'est aussi qu'un tel premier moment, et c'est pourquoi l'on ne peut s'en tenir à lui.

L'identité vraie, en effet, n'exclut pas, mais inclut en les totalisant les différences, qui la déterminent concrètement. Une telle identité concrète ou totale est l'identité propre à la raison, dont Hegel reprend la définition kantienne générale de totalisation ; la raison dépasse l'entendement d'abord négativement en tant que, *dialectique*, elle fait se dissoudre les identités fixées à elles-mêmes par l'entendement : A est en vérité aussi bien non-A, puis positivement en tant que, *spéculative*, elle unifie ces déterminations opposées en une identité qui les concilie en elle en les réduisant à de simple aspects ou moments d'elle-même. L'entendement doit donc être à la fois *reconnu* et *limité*. Ce qui explique le double combat constant de Hegel contre, d'une part, les philosophies qui, à ses yeux, même lorsqu'elles se présentent comme des philosophies de la raison, absolutisent en fait l'entendement, et, d'autre part, les philosophies qui le refusent en croyant pouvoir faire l'économie de l'abstraction. C'est d'abord, en sa période de formation fascinée par la belle totalité immédiate de la vie grecque, et dans ses premières années d'enseignement universitaire à Iéna, au début du siècle, contre les philosophies réflexives de l'entendement kantien et fichtéen que Hegel célèbre l'équation du vrai et du tout. La raison oppose le total au simple universel ou infini entendu comme opposé au particulier ou au fini, et, par là, lui-même rendu particulier ou fini. Elle s'en prend notamment, dans le champ pratique, aux doctrines qui appellent communauté la pseudo-unité de l'interaction présupposant les différences fixées et consacrées des individus, et qui font résulter l'État d'un contrat entre ceux-ci ; l'échec de la Révolution française a bien été celui de l'entendement politique. Plus tard, dans le contexte de la Restauration et du romantisme anti-intellectualiste, Hegel s'opposera surtout au culte de l'intuition et du savoir immédiat (d'un Jacobi) : le mélange syncrétique des déterminations sera alors jugé plus dangereux que leur séparation par le « ou bien-ou bien » cher à l'entendement. L'unité rationnelle, proprement synthétique, présuppose les distinctions de l'entendement, qui doivent être intégrées à elle et, pour cela, d'abord reconnues comme telles.

*** Que la raison intègre ainsi en elle l'entendement comme un moment à dépasser ne signifie cependant pas qu'il ne garde pas un champ d'activité propre où, sans être assurément mis en cause, le tout, c'est-à-dire l'être vrai, ne décide pas de déterminations incombant alors à ce seul entendement. La raison hégélienne, qui illustre sa toute-puissance par sa bonté libérale, tolère à l'intérieur de son règne universel les manifestations particulières de son Autre, la factuellité ou positivité non rationnelle où la contingence a son libre jeu. Dans le détail de la nature et de l'histoire, là où il ne s'agit pas de leur sens véritablement universel, par exemple dans le contenu purement empirique des sciences de la nature, du droit, de la politique, etc., la diversité ne peut être ordonnée, théoriquement ou pratiquement, que par des règles ou des règlements (rationnellement) arbitraires de l'entendement : qu'on songe aux décisions du législateur et du juge ! La raison sait donc aussi libérer un exercice propre de l'entendement, libéralisme certes limité au domaine du particulier, mais en celui-ci, où l'individu peut s'affirmer comme tel, bien réel.

Esprit

* « *L'absolu est esprit* : c'est là la définition la plus haute de l'absolu » (*E*, *Ph. E*, § 384, p. 179), et « l'*essence* de l'esprit est [...] la *liberté* » (*ibid.*, § 382, p. 178). L'esprit est bien la détermination vraie de l'absolu parce qu'il est lui-même, précisément, liberté ou auto-détermination, c'est-à-dire auto-limitation ou, dit plus radicalement, auto-négation. Absolutisant lui-même l'idée kantienne de l'esprit comme acte, et non plus comme simple être, Hegel souligne l'équation entre activité et négation (agir, c'est changer, donc nier ce qui est), et entre activité absolue, non limitée par un Autre sur quoi elle porterait, et négation de soi. Se nier ou limiter, se déterminer, pour l'esprit en sa liberté, c'est alors poser son Autre, l'être déterminé et par là fini de tout ce qui, face à l'agir, ne fait qu'être. L'esprit se fait en faisant être tout ce qui est. Loin donc d'être l'être, même universel, d'une *substance* — identique à elle-même en sa richesse alors unifiée comme simple nécessité — ou, en cela, d'une structure exprimable par le neutre : le spirituel, l'esprit comme agir se réfléchissant négativement sur et en lui-même est un Soi ou un *sujet* libre même de son être, et qui n'est qu'à se différencier de soi. C'est bien le contenu religieux, pour lui absolu, du Dieu chrétien se sacrifiant pour faire vivre le monde, que conçoit rationnellement Hegel dans l'esprit comme Soi dont la libre auto-négation pose le tout de l'être en sa nécessité.

** On voit que, pour Hegel, il n'y a pas l'esprit *et* autre chose, par exemple la nature, puisque l'esprit lui-même est ce dont la négation de soi fait l'être-posé de tout. Une telle immanence négative de l'esprit à tout ce qui est exclut aussi bien, en tant qu'immanence, l'extériorité de l'esprit et de la nature, que, comme négative, leur identité pure et simple. L'esprit est ainsi l'unité — le tout — de lui-même — *comme* esprit — et de son *Autre* alors posé par lui comme ce à partir de quoi il se pose, c'est-à-dire comme ce qu'il se présuppose : « L'apparence selon laquelle l'esprit serait médiatisé par un Autre est supprimée par l'esprit lui-même, puisque celui-ci — pour ainsi dire — a la souveraine ingratitude de supprimer cela même par quoi il est médiatisé, de le médiatiser, de le rabaisser en quelque chose qui ne subsiste que par lui, et de se faire, de cette façon, parfaitement subsistant-par-soi » (*E*, *Ph. E*, § 381, Addition, p. 391). La présupposition que se donne l'esprit est double, puisqu'elle est celle, d'abord, de son Autre idéal, du sens pur ou du principe logique de l'être, du tout en tant qu'Idée, objet de la première partie de l'*Encyclopédie des sciences philosophiques*, la « Science de la logique », puis de son Autre réel, l'aliénation sensible de l'Idée dans et comme la nature, la réalité que son extériorité réciproque empêche de s'unifier en un tout véritable, et que prend pour objet la deuxième partie de l'*Encyclopédie*, la « Philosophie de la nature ». Quant au contenu de sa troisième partie, la « Philosophie de l'esprit », il est le sens sensibilisé comme sens, l'Idée naturalisée comme Idée, le tout pleinement réalisé. L'esprit en tant qu'esprit se fait advenir tel pour lui-même dans l'intériorisation de la nature à travers les étapes de sa présence à soi sentante — l'âme —, représentative ou objectivante — la conscience —, et pensante — l'esprit *stricto sensu* qui saisit l'objet comme identique à lui-même, le sujet. Quand l'esprit d'abord purement *subjectif* en sa reconquête incomplète de l'objectivité naturelle devient objet pour lui-même, en cela pur rapport à lui-même dans ce qui ne lui est plus vraiment autre, alors, sûr de sa liberté, il impose à la nature purement objective le reflet objectif de sa subjectivité, la seconde nature qu'est le monde du « droit » au sens large du terme, celui de la réalisation de la liberté dans les institutions juridiques, sociales et politiques. Mais l'esprit *objectif*, objectivé comme esprit, est encore limité par son inscription géographico-historique qui le sépare de lui-même. Il n'est vraiment un avec lui-même qu'en se posant comme le principe totalisant en lui le monde ainsi idéalisé dans l'art, la religion et la philosophie, et tel est l'esprit *absolu*, présent à lui-même en son absoluité.

*** L'esprit, tel que Hegel le conçoit, conjoint intimement en lui l'universalité et la singularité. Il est le Soi qui est un tout et le tout qui est un Soi. Le Soi qui est un tout, c'est-à-dire d'abord en lui-même une communauté d'esprits, l'esprit d'une communauté ou d'un peuple, que la *Phénoménologie de l'esprit* désigne encore significativement par le terme même d'« esprit », en l'illustrant par la cité grecque si opposée à l'individualisme moderne, atomisation naturalisante de l'esprit. Ou — thème qui devient dominant dans le hégélianisme systématiquement développé — le tout qui est un Soi, l'universel qui se singularise, selon la référence désormais privilégiée à l'affirmation chrétienne du Dieu s'incarnant dans un individu en lequel il sauve la communauté des individus humains. Ces deux mouvements inverses dont la réunion constitue l'esprit, l'universalisation éthico-politique des Moi et la singularisation religieuse-théologique de l'universel, seront disjoints dans le clivage de la gauche et de la droite hégéliennes. Hegel les a toujours solidement maintenus en leur unité, il est vrai hiérarchisée, car c'est la singularisation de l'universel qui fait s'universaliser la singularité ; l'esprit est l'unité *infinie* de l'esprit infini et de l'esprit fini.

Essence

* L'essence (*Wesen*) ne constitue pas encore, pour Hegel, qui veut rompre avec la métaphysique rationaliste moderne, la vérité de l'être. Bien plus, dans son articulation générale de la science de cet être en son sens général, la Logique, il la rapproche même de l'être en son immédiateté de simple être, non encore médiatisé, c'est-à-dire réuni avec lui-même, par l'intériorisation de son extériorité à soi première ou le rappel en et à soi de lui-même devenu alors cet être passé (*gewesen* : ayant été) qu'est précisément l'essence. Car l'essence *est* elle-même, donc assume immédiatement, en l'*étant*, le sens intérieur, sous-jacent, substantiel, de l'être pris en son immédiateté de simple être. Et c'est pourquoi Hegel rassemble l'être et l'essence dans la première partie de la Logique, qu'il appelle bien la « Logique objective », Logique de l'objet ou de l'être, qui englobe aussi bien l'immédiat (l'être comme pur être) que l'assomption immédiate de la médiation (l'essence). Il distingue de cette Logique objective la « Logique subjective », qui étudie le sens de l'être en tant qu'il *a* lui-même — c'est là une médiation avec soi de la médiation —, qu'il se saisit (*greifen*) de lui-même, qu'il se comprend (*begreifen*) lui-même, bref : qu'il est *concept* (*Begriff*) de lui-même, et

que, auto-position de soi posant en son sens tout ce qui est, il est, plus qu'une structure intelligible ou une substance pensée, un *sujet* intelligent ou pensant. Le projet de Hegel, de réaliser véritablement la révolution copernicienne à ses yeux non accomplie par Kant, de penser l'absolu non pas simplement comme objet ou substance, mais comme sujet, enveloppait ainsi une relativisation de l'essence ; dans le champ de l'être envisagé en son sens, le grand saut n'est pas de l'être à l'essence, mais de l'essence (fondant l'être) au concept (qui les crée).

** Alors que les déterminations de l'être comme simple être : la qualité, la quantité, la mesure qualifiant la quantité, ne s'appellent pas les unes les autres du dedans de chacune d'elles, en sorte que c'est le logicien seul qui mobilise leur devenir, celles de l'essence : essence et existence, substance et accident, cause et effet…, sont, chacune, en leur sens même, relatives à leur Autre (la cause, en sa définition même, renvoie à l'effet), réfléchies les unes dans les autres, médiatisées les unes par les autres. Une telle réflexion les relie de plus en plus étroitement et intérieurement entre elles. Si l'essence n'est qu'à se faire existence ou à se manifester dans le phénomène dont elle est la loi, ce lien encore formel se fait un lien matériel ou de contenu dans l'effectivité, où l'essence et l'existence se distinguent seulement comme l'intérieur et l'extérieur d'un seul et même contenu. L'identité de ce contenu s'affirme d'abord négativement dans le rapport de la substance à l'accident : celui-ci tombe, s'écroule, s'anéantit dans celle-là, puis positivement dans le rapport de la cause à l'effet : la cause se donne comme posant l'effet ; avant que, au terme de l'essence, l'inégalité entre ces deux moments de la relation se supprime dans l'action réciproque, laquelle rend homogène la nécessité constituée par l'identification essentielle des différences existantes. Cependant — et telle est la limite de l'essence — l'identification essentielle des différences ne se réfléchit pas comme telle dans chacune de celles-ci. En chacune de ses déterminations, l'essence en pose une autre, puisque leur sens est corrélatif, mais comme *autre* (la cause se définit par sa relation à l'effet, autre qu'elle) : elle ne *se* pose pas, comme le posant, dans cet Autre, et, par conséquent, ne se maîtrise pas vraiment dans la position de l'être et de son sens. Elle est, dirions-nous, *production nécessaire*, quasi naturelle, d'un tel être et d'un tel sens, non leur *libre création*. Seul le concept crée et se crée dans la liberté.

*** Certes, la métaphysique traditionnelle, dont la Logique hégélienne veut, et, à ses propres yeux, peut seule, accomplir le vœu (voir article *Logique*), a souvent caractérisé l'être véritable ou l'absolu comme sujet (divin), mais de façon prétendue, car sans jamais justifier son dire en établissant dans un savoir absolu se sachant tel l'identité entre l'auto-position qu'elle attribue à cet absolu et sa propre position attributive. La métaphysique traditionnelle relève bien de la Logique de l'essence, marquée par la différence entre l'activité de l'essence qui est son objet et celle du concept mis en œuvre par son sujet, le logicien spéculant. L'essence est telle qu'elle peut identifier ses différences, mais elle ne les identifie pas *en tant que différences* ; elle n'identifie pas l'identification qu'elle est avec leur différence, et c'est le sujet logicien qui opère l'identification de l'identité et de la différence également reconnues dans l'essence. Il subsiste, de ce fait, une différence entre le processus pensé qu'est l'essence et l'activité pensante déployée par la Logique de l'essence. L'être ne peut surmonter une telle contradiction en sa cime (philosophante), et donc véritablement être, que s'il se réunit avec lui-même, qui est manifestation de lui-même, dans sa manifestation suprême, ce qui requiert que celle-ci s'accomplisse comme la Logique du concept. La médiation essentielle anime l'absolu de sa négativité, mais l'absolu ne se pose comme tel que dans la médiation de la médiation, la médiation avec soi, immédiateté ou positivité vraie du Soi ou du sujet conceptuel (voir articles *Concept* et *Médiation*).

Éthique (vie)

* Hegel distingue de la morale ou moralité, entendue comme l'assomption intérieure individualisée de la responsabilité pratique (le mot de morale vient du latin *mos*, *moris*, et Hegel insiste sur l'affirmation de la personne par le droit romain), la vie éthique (*Sittlichkeit*) consistant dans les coutumes (*Sitten*), les mœurs objectives d'une communauté, que les Grecs, qui ont illustré exemplairement celle-ci, désignent par le terme *ethos*. L'effort hégélien de réconciliation du souci antique de la totalité spirituelle et de l'attention moderne aux individus aboutit à l'intégration de ceux-ci, dont le droit extérieur (d'abord la propriété privée) et la moralité intérieure (s'affirmant dans l'intention) sont pleinement reconnus, dans celle-là en tant qu'esprit pratique communautaire animant les institutions socio-politiques, esprit qui nourrit substantiellement les vouloirs individuels et, en retour, se renforce de leur énergie libérée. La

vie éthique accomplie dans le cours de l'histoire universelle constitue le moment suprême de l'esprit objectivé dans un monde. Sa réalité assurée offre un champ solide à l'exercice du droit abstrait et de la moralité, dont l'insuffisance pratique justifie l'existence absolument nécessaire d'elle-même, qui réunit concrètement en elle l'objectivité sans intériorité du premier et l'intériorité sans objectivité de la seconde.

** La théorie de la vie éthique exposée dans l'*Encyclopédie* et les *Principes de la philosophie du droit* fait ainsi suite, puisque son objet y trouve sa justification, à la théorie du droit abstrait et à celle de la moralité, les deux premiers moments de l'esprit objectif. Possédant une objectivité générale comme le droit, mais une objectivité générale fondée dans l'intériorité d'un esprit, et une intériorité spirituelle comme la moralité, mais une intériorité s'objectivant immédiatement dans un comportement général, la vie éthique réconcilie de la sorte l'universalité et la singularité pratiques selon trois modalités de plus en plus concrètes. D'abord, en tant que vie *familiale*, elle identifie syncrétiquement, sans faire droit pleinement ni à l'une ni à l'autre, l'universalité, trop limitée, et les singularités, trop empêtrées dans leur lien naturel ; l'identité du tout et de ses membres se fait au détriment de leur différence. Au contraire, la vie éthique de la *société civile* libère en elle à la fois l'universalité, dans le cosmopolitisme des échanges d'abord économiques, et les singularités individuelles soucieuses de leur satisfaction égoïste ; la vie sociale, lien extérieur et abstrait, non-lien se faisant valoir souvent, dans ses crises, comme un destin inhumain, offre alors leur occasion réelle à l'administration du droit et aux décisions morales. Mais l'unité positive, et non plus négative, de l'universalité et de la singularité réellement reconnues et promues objectivement, l'accomplissement vrai de la vie éthique, c'est l'État, lequel atteint lui-même sa vérité dans la monarchie constitutionnelle moderne encore à réaliser, si l'idée en est généralement revendiquée dans l'égal rejet de l'individualisme révolutionnaire et de l'absolutisme de l'Ancien régime. Le tout, qui s'affirme objectivement dans l'organisme constitutionnel des pouvoirs sous l'autorité du pouvoir princier, et subjectivement dans le patriotisme des citoyens, s'attache d'autant plus ceux-ci qu'il favorise leurs initiatives et leurs intérêts propres en laissant se développer en lui la vie sociale et en leur donnant accès concrètement à l'activité législative. L'État fournit ainsi à la vie éthique le socle où peuvent se fixer ses moments plus abstraits et, en cela, plus fragiles, que sont la famille et la société civile.

*** Si la vie éthique, cime de l'esprit objectif, n'épuise pas l'esprit, qui n'est vraiment que dans son absolutisation, fondamentalement religieuse puisque l'art est la forme pré-religieuse et la spéculation philosophique la forme post-religieuse de la religion, elle est cependant la présupposition objective nécessaire de la religion en sa réalisation vraie. Au sein de l'esprit d'un peuple, principe de toutes les manifestations de la vie d'une collectivité, il y a un lien intime entre la croyance religieuse et la vie éthique achevée politiquement ; l'histoire vérifie bien, par exemple, que la Révolution politique ne peut réussir sans la Réforme religieuse. La conscience religieuse, conscience de l'absolu, est elle-même la conscience absolue et, par conséquent, le fondement ultime, le socle originaire de la vie éthique : « L'État repose [...] sur la disposition d'esprit éthique, et celle-ci sur la disposition d'esprit religieuse » (*E*, *Ph E*, § 552, p. 334). La vie éthique ne peut donc contredire la religion ou lui être indifférente, si, en son contenu propre, elle ne peut être déterminée, assurément, par cette religion. Mais la vie éthique elle-même, surtout à travers l'État, universel le plus réel qui soit, confirme par son objectivité l'engagement religieux qui procède du même esprit : « C'est seulement grâce à elle et à partir d'elle que l'Idée de Dieu est sue comme esprit libre ; en dehors de l'esprit éthique, il est donc vain de chercher une véritable religion et religiosité » (*ibid.*, p. 333-334). Une telle interaction entre la vie éthique et la vie religieuse est, certes, portée par l'absoluité de cette dernière, qui, pourtant, ne peut elle-même se poser en sa vérité qu'en se présupposant dans l'objectivité de la première : « La vie éthique de l'État et la spiritualité religieuse de l'État sont ainsi pour elles-mêmes les solides garanties réciproques » (*ibid.*, p. 341).

Être

* Premier prédicat, le plus simple, le moins différencié, donc indéterminé, comme tel attribuable à tout (même le non-être peut être dit, en un sens, être !), l'être ne peut cependant être attribué pleinement, absolument, à un sujet que si celui-ci est, non pas une détermination (car toute détermination est négation), mais la *totalisation* des déterminations. Or, selon Hegel, cette totalisation des déterminations se montre, se démontre, n'être elle-même que si elle se comprend ou conçoit comme le sujet d'elle-même, la réalisation concrète d'un tel *concept* étant l'*esprit*. La philosophie spéculative de Hegel, et d'abord en

tant qu'elle établit en son sens pur le sujet de l'être, ou qu'elle se fonde dans la Science de la logique, est donc la détermination progressive rigoureuse de ce dont on peut *dire* l'*être* absolument et qui fait ainsi s'avérer l'*ontologie*. Accomplissement rationnel développé de l'argument ontologique mobilisé par l'entendement métaphysique traditionnel, l'*Encyclopédie* hégélienne s'emploie à prouver dialectiquement que l'être, la détermination la plus pauvre, ne peut pleinement se dire que de la détermination la plus riche de l'absolu, qui est, envisagée par la Science de la logique en son sens pur, celle du concept achevé en l'*Idée*, et, envisagée par la philosophie de l'esprit en son sens réalisé, celle de ce que la religion appelle Dieu et la spéculation qui la rationalise l'*esprit absolu*.

** L'établissement dialectique du sens (logique) de ce qui est s'opère en trois étapes, où cet être est saisi selon un sens de plus en plus totalisant : d'abord comme être qui n'est qu'être, puis comme essence, enfin comme concept. En son emploi ambigu, le terme être, qui désigne d'abord l'être en son sens général, exprimant l'identité à soi, l'immédiateté, le désigne aussi en son sens particulier, à savoir l'être en tant qu'être, cet « en tant que » le particularisant précisément relativement à l'être en tant qu'autre que pur être (il est tout). La Logique de l'être montre que l'être en tant qu'être, qui n'est que lui-même, est, par son indétermination, bien plutôt identique à son Autre, le non-être, lequel, inversement, pris pour lui seul, est, de sorte que ce qui est, c'est la négation de ce qui fait s'écrouler l'être, de son indétermination ou abstraction, donc sa relation à son Autre, le non-être : une telle relation est le devenir (ce qui, à la fois, est et n'est pas). Cependant, le devenir et toutes les déterminations ultérieures de l'être : qualité, quantité, mesure, restent, même en étant déterminées, identiques à elles-mêmes en tant qu'elles n'indiquent pas en leur contenu leur rapport à d'autres (le sens « qualité » n'indique pas en lui le sens « quantité »). De sorte que la dialectique qui fait passer de l'une à l'autre procède du sujet de la Logique (qui pense déjà leur tout et les y insère), bien loin d'être imposée à chaque fois par l'objet de celle-ci. Le devenir des déterminations de l'être leur est ainsi extérieur, tel un destin que l'être, à chaque fois, subit, dans une différence d'avec lui-même qui détruit son identité immédiatement revendiquée. C'est pourquoi l'être, pour être, doit être plus que simple être ; il doit intérioriser en lui sa différence, se faire médiation avec lui-même. Telle est alors l'essence, dont les déterminations, en leur identité à soi, indiquent leur différence entre elles : par exemple, la cause, en sa définition même, pose son Autre, l'effet. Par la suite, la contradiction de l'essence — une détermination s'unit en elle-même à son Autre maintenu comme tel (l'effet nie la cause qui est sa liaison avec lui), donc diffère de ce à quoi elle s'identifie — la fera se nier dans le concept, dont les déterminations, en elles-mêmes, s'identifient en leurs différences mêmes (l'universel, ainsi, s'affirme comme tel dans le particulier), et se posent donc à chaque fois comme la totalité se reflétant en tant que telle dans chacun de ses moments. L'être n'est bien que comme concept.

*** Puisqu'il n'y a d'être, absolument, que de l'antipode de l'être pur, à savoir du concept, quant au sens de l'être vrai, et, quant à sa réalisation elle-même vraie, de l'esprit, le développement de l'ontologie la révèle être finalement une noologie. L'*Encyclopédie* hégélienne expose bien la détermination progressive de l'être comme sa régression fondatrice au concept, puis à l'esprit. L'être est en soi le concept ou l'esprit ; il n'est, comme être, que parce qu'il y a le concept et l'esprit. En ce sens, la philosophie de Hegel achève le mouvement inauguré par Kant, faisant de l'être le dépôt de l'acte. Et, que le concept soit ce qui pose l'être, relation qui est en soi dans lui, c'est ce qui se vérifie et devient pour le concept lui-même dans la mesure où, s'étant posé comme ce qui, seul, est, le concept accompli en l'Idée révèle son être, l'être du sens achevé, comme l'acte de poser ce qui est pour lui son Autre, l'être sensible de la nature ; cette création de la nature se confirme et accomplit elle-même pour autant que l'Idée se réalise pleinement comme l'esprit absolu, qui pose, à titre de présupposition de lui-même, d'une part l'être pur idéal ou du sens, objet de la Logique, d'autre part l'être réel ou sensible, objet de la Philosophie de la nature. Double position qui, pour l'Idée ou l'esprit absolu, est — comme la religion chrétienne, dont le hégélianisme a voulu être la rationalisation, se le représente dans la mort de Dieu sauvant le monde — d'abord un sacrifice ou une négation de soi. Ainsi, loin d'être en sa vérité l'immédiat ou le positif, l'être est doublement médiatisé ou négatif : par lui seul il n'est pas, et il n'est par le tout conceptuel-spirituel qu'autant que celui-ci se nie.

Histoire universelle

* L'histoire universelle ou mondiale (*Weltgeschichte*) unifie progressivement les histoires particulières des peuples, dont elle accomplit le

sens. Un sens fondamentalement *politique*. Les peuples, en effet, n'ont une histoire qu'autant qu'ils se constituent en des États, dont la totalité englobante ne peut se fixer que par l'unification temporelle à la fois réelle (l'histoire-fait, *res gestae*, *Geschichte*) et idéelle (l'histoire-récit, *historia*, *Historie*) des multiples actions successives des individus rassemblés. L'histoire universelle est bien elle-même essentiellement politique, même si elle abrite, pour s'en stimuler, le phénomène socio-économique de la réalisation du marché mondial. Ce sens politique de l'histoire universelle est celui d'une *libération* des hommes. Car, en tant que totalités fixées à elles-mêmes et donc exclusives, les États sont contraints à des rapports conflictuels qui se résolvent dans la domination de ceux dont la plus grande force exprime le plus grand avancement en eux de ce qui fait s'affirmer le plus intensément et vigoureusement l'homme, à savoir de sa conscience qu'il est libre et, en cela, maître de lui-même et de son monde : « L'histoire universelle est le progrès dans la conscience de la liberté » (*VG*, p. 63). La liberté, comme être-chez-soi de l'homme dans son monde, étant une totalisation de l'existence concrète, c'est-à-dire sa rationalisation pratique, et celle-ci obtenant sa vérité éthico-politique dans l'instauration post-révolutionnaire de la monarchie constitutionnelle elle-même absolument assurée par le christianisme réformé et justifiée par la philosophie spéculative, le rationalisme optimiste de Hegel oriente tout le cours de l'histoire mondiale vers cette *fin* d'elle-même par laquelle celle-ci, dans son « jugement dernier » sur elle-même, s'absout de toute sa négativité (ses drames, ses guerres...) passée dans la jouissance de la liberté enfin pleinement actualisée. Alors se manifeste au monde l'esprit qui le régit, cet « *esprit-monde* [*Weltgeist*] » dont la réalisation extérieure ou extensive en *une* histoire repose sur son affirmation intérieure intensifiée comme esprit dans les consciences humaines. L'esprit du monde s'accomplit ainsi comme la manifestation de soi à soi mondaine de l'esprit enfin advenu à lui-même en son absoluité supra-mondaine, foncièrement religieuse : « *L'esprit-monde* est l'esprit du monde tel qu'il s'explicite dans la conscience humaine ; les hommes se rapportent à lui comme des individus singuliers au tout qui est leur substance. Et cet esprit-monde est conforme à l'esprit divin qui est l'esprit absolu » (*VG*, p. 60).

** La philosophie de l'histoire de Hegel ne se contente pas de l'affirmation générale que l'histoire est une, qu'elle a un sens de libération progressive de l'humanité. Elle se risque à exposer de façon détaillée la nécessité dialectique de l'auto-réalisation de la liberté. Celle-ci, toujours présente en soi dès qu'il y a de l'esprit, c'est-à-dire l'homme, se détermine en se faisant conditionner (seulement conditionner) par la nature ; il y a bien un conditionnement géographique de l'histoire, qui parcourt ainsi selon un certain ordre la géographie des continents. Avant le lever oriental du soleil de l'esprit, celui-ci sommeille dans le continent africain, dont la masse fermée sur elle-même, naturellement peu pénétrable, porte, tel Atlas, le reste du monde : il ne sera ouvert à l'histoire que plus tard. La grande journée de cette histoire va parcourir, en ses grandes novations, tout l'Ancien Monde, de l'Extrême-Orient à l'Europe occidentale, dans la succession des règnes oriental, grec, romain et chrétien-germanique, le Nouveau Monde ne faisant, essentiellement en Amérique du Nord, qu'exploiter l'acquis de l'Ancien. Le conditionnement de la liberté, comme réconciliation de l'universel et de la singularité, par la nature qui, en sa contradiction non résolue (l'unité du sens intérieur s'y inscrit comme extériorité à soi du sensible), empêche leur pleine identification, fait que l'histoire comporte en elle un négatif inéliminable. Elle est le lieu du malheur, des crises et des drames : ce négatif est même, par son auto-négation, le moteur de la réalisation du positif ; mais il est aussi, dans le détail des événements, ce qui, sans compromettre, certes, la finalité d'ensemble, échappe à toute détermination rationnelle. Le philosophe comprend qu'il est rationnel qu'il y ait de l'irrationnel, et la raison historique tolère en elle de la déraison ; « Ici, le hasard, la particularité reçoivent du concept le pouvoir d'exercer leur énorme droit » (*VG*, p. 76). Cependant, en Hegel, il souligne surtout le rôle positif de la particularité, originellement naturelle en son existence, dans l'effectuation de la raison. C'est toujours un peuple particulier, le plus avancé dans la conscience de la liberté, qui incarne, à chaque étape du progrès historique de celle-ci, l'esprit du monde, comme l'atteste son triomphe sur les autres : « La conscience de soi d'un peuple particulier est [le] porteur du degré de développement à chaque fois atteint de l'esprit universel dans son être-là, et l'effectivité objective en laquelle cet esprit place sa volonté. Face à cette volonté absolue, la volonté des autres esprits-des-peuples particuliers est sans droit, ce peuple-là est le peuple qui domine le monde » (*E*, *Ph E*, § 550, p. 332). Et, au sein de ce peuple, c'est la personnalité passionnée des « grands individus » ou des « héros » de l'histoire mondiale — un Alexandre, un César, un Napoléon — qui réalise un réquisit universel de l'objectivation de la liberté. En eux, l'énergie du caractère passionné se met immédiatement, de façon quasi animale, au service de l'Idée universelle, et se trouve utilisée par la « ruse de la raison ». L'exaltation historique, par ces héros, de la réunion du tout et du Soi est elle-même consacrée absolument, fondée dans l'esprit absolu, au cœur religieux de lui-même, par l'Incarnation christique, que Hegel considère bien comme « le gond autour duquel tourne l'histoire universelle » (*WG*, p. 722).

*** L'histoire universelle, qui a ainsi son centre à l'entrecroisement moyen-oriental des trois continents de l'Ancien Monde, à la mi-parcours par l'esprit du périple le conduisant de l'Extrême-Orient asiatique à l'Europe occidentale, atteint sa fin avec la conscience de son achèvement objectif dans l'État politiquement fort et socialement libéral de la monarchie constitutionnelle économiquement développée. Une telle fin de l'histoire réelle, essentiellement politique, dont la réalité confirme la fin de l'histoire de la philosophie (avec la spéculation hégélienne), ne signifie pas qu'il ne se passera plus rien dans la vie des peuples, mais seulement que la poursuite des vicissitudes socio-politiques ne fera pas surgir des déterminations fondamentales nouvelles de l'esprit objectif. L'histoire de l'universel est achevée au sein de l'histoire empirique de la réalisation de celui-ci. Une telle poursuite de l'histoire empirique, même dans un monde dont les États seraient devenus hégéliens (la guerre est un moment essentiel de leur destin), manifeste la nécessité rationnelle d'une élévation de l'esprit au-dessus de son objectivité accomplie dans cette histoire, c'est-à-dire de son accession à la vie absolue de l'art, de la religion et de la philosophie spéculative.

Idéalisme

* Dans ce qu'on appelle l'idéalisme, voire l'idéalisme absolu, de Hegel, le terme « idéalisme » survient, en fait, très rarement. Et il désigne, non pas d'abord un type de philosophie, mais une orientation ou une démarche générale de la conscience, qui consiste à saisir ce que l'on prend ordinairement pour réel ou pour étant, à savoir les choses déterminées, limitées, *finies*, comme ce qui est, tout au contraire, irréel ou idéel, sans vérité. Seul est, en effet, ce qui n'est pas fini, donc empreint de non-être ; or, ce qui n'est pas fini est, non pas ce qui exclut le fini — car celui-ci, autre que l'infini, le limiterait et renverserait par là en quelque chose de fini —, mais ce qui l'inclut en étant l'unité totale du

fini. Seul le *tout* a être et vérité. C'est pourquoi la philosophie, qui veut dire l'être vrai, n'est elle-même qu'en considérant ce qui est fini comme irréel ou idéel, qu'en étant idéaliste : « Cette idéalité du fini est la proposition capitale de la philosophie, et toute philosophie vraie est, pour cette raison, un idéalisme » (*E*, *SL*, § 95, p. 360).

** En cela, la philosophie accomplit ce qui, pour Hegel s'affirme déjà même dans la simple vie, où le tout dissout la fixité de ses parties en en faisant des organes n'ayant d'être que par et en lui (la vie est parfois caractérisée dans la « Philosophie de la nature » comme l'idéalisme absolu !). Cet idéalisme réel devient pour lui-même dans la conscience la plus ordinaire en tant que, distinguant d'elle comme sujet un objet identique à soi auquel elle veut conformer son devenir, elle est d'emblée orientée vers la vérité constituée par une telle adéquation. Éprouvant d'abord les choses sensibles comme changeantes, n'étant plus ce qu'elles viennent d'être, la conscience sensible les dépasse, en leur irréalité ainsi rendue manifeste, dans les déterminations, égales à elles-mêmes, de l'*entendement*. Le contenu de chacune de ces déterminations intellectuelles, fixé en sa différence d'avec les autres, nourrit la perception objective, la science positive et la métaphysique traditionnelle, qui réalise les pensées comme des choses. Même la révolution copernicienne de Kant, qui fait tourner les choses autour de la pensée et déclare subjectives les catégories lues sur les objets, même cet idéalisme subjectif qui, en tant que transcendantal, dit le sujet comme objectivant, laisse inchangé le contenu des déterminations dont on ne fait alors que modifier le statut. Le maintien de l'opposition du sujet (pour soi) et de l'objet (en soi), du phénomène subjectif et de la chose en soi, relève bien encore de l'entendement fondamentalement dogmatique — même lorsqu'il se dit critique —, puisqu'il fixe à soi-même ce qui, opposé à un Autre, est pourtant fini. Plus vraie, en ce sens, est la foi religieuse — à laquelle l'idéalisme subjectif de Kant doit bien, d'ailleurs, faire une place en lui à travers l'idéalité des postulats de la raison pratique —, car elle nie dans sa représentation tout être fini en le résolvant dans l'action totalisatrice du Dieu créateur. La philosophie ne peut atteindre à sa vérité qu'en reconnaissant la réalité suprême du contenu de la *raison*, puissance constitutive de l'être dont elle déploie la totalité. L'idéalisme s'achève dans la systématisation spéculative de l'être comme tout transparent à lui-même en sa pensée : « L'idéalisme de la philosophie spéculative possède le principe de la totalité et se montre comme ayant prise sur l'unilatéralité des déterminations d'entendement abstraites » (*E*, *SL*, § 32, Addition, p. 487).

*** Hegel, identifiant l'être et la pensée dans le tout alors connu, réalise ce que Kant avait pensé dans la totalité comme contenu de la raison, c'est-à-dire dans l'*Idée*, qu'il disait seulement pensable (régulatrice de l'exploration de l'être) et non proprement connaissable (constitutive du contenu de cet être). L'idéalisme spéculatif, qui se dit le miroir de soi de l'être, affirme donc ce que l'idéalisme transcendantal, resté purement subjectif, jugeait impossible, la saisie rationnelle de la réalité dans et comme la totalisation de soi de la pensée identique à l'être. Cette intention réaliste, à ses yeux satisfaite par lui, de l'idéalisme spéculatif, lui fait exclure toute assomption seulement « idéaliste » — au sens de l'idéalisme abstrait séparant l'Idée de sa réalisation — de lui-même, tout « philosophisme » enfermant la philosophie en elle-même. Le vrai se pose en sa totalité en se présupposant ses déterminations les plus réelles, même au sens empirique-naturel du mot. Le réalisme et matérialisme post-hégélien reprochera à l'idéalisme spéculatif de ne saisir ces déterminations qu'à travers leur sens, en tant, d'abord, que pensées ; c'est bien, selon lui, une telle démarche (plus que ce qui est dit moyennant elle) qui fait l'idéalisme, alors que le réalisme consiste à ancrer le sens dans l'expérience sensible. À quoi celui-là pouvait répondre que cette dernière affirmation est bien encore un sens et que l'être ne peut être pensé tel qu'il est (par exemple comme sensible) que si son être même s'accomplit en tant que pensée de lui-même par lui-même.

Liberté

* Maître-mot de la doctrine hégélienne, qui s'est constituée par l'élaboration pleinement rationnelle de l'idéal de réconciliation de l'existence au nom duquel le jeune Hegel, comme ses condisciples du Séminaire protestant de Tübingen : Hölderlin et Schelling, condamnait le déchirement général du présent. Le système spéculatif hégélien est bien la conceptualisation stricte, scientifique, de la liberté, qui est à la fois son fondement et sa clef de voûte, en tant qu'elle est l'identité du Soi et de l'être, l'« être-chez-soi [*Bei-sich-sein*] » de celui-là en celui-ci : « La liberté consiste [...] a être chez soi dans son Autre [...]. La liberté est seulement là où il n'y a pour moi aucun Autre que je ne sois pas moi-même » (*E*, *SL*, § 24 Addition, p. 477). Si le Soi doit bien *s*'affirmer

singulièrement pour se réconcilier avec tout ce qui est, avec l'universel — ce qui enthousiasma Hegel et ses jeunes amis dans le « magnifique lever de soleil » de 1789 —, il ne faut pas qu'il se fixe à lui-même en se séparant (tâche au demeurant impossible, donc morbide) du tout ; la liberté libérale, individualiste, du quant-à-soi est ce dont l'absolutisation, dans le formalisme du libre arbitre, détourna ceux-là de la Révolution française. La vraie liberté est participation à l'être. Puisque le tout est toujours la puissance déterminante, c'est en intégrant concrètement son Soi, alors confirmé dans l'être, à lui, qu'on est soi-même aussi détermination de soi, auto-détermination, bref : liberté. La liberté est donc l'accomplissement de la réunion du Soi et du tout, de la singularité et de l'universalité, par-delà l'abstraction du « totalitarisme », d'abord exalté, de la vie antique, et celle, dénoncée dans la vie moderne, de l'individualisme.

** L'idéalisme kantien et post-kantien, ainsi chez Fichte, s'est toujours présenté comme une philosophie, et une philosophie scientifique, car systématique, de la liberté. Cependant, alors que Kant fait reposer l'affirmation de celle-ci sur celle de la loi morale, en voyant dans le libre arbitre le simple phénomène de l'autonomie comme détermination par la raison pratique, et que Fichte, définissant la raison comme le rapport à soi de l'universalité par là même singularisée en un Moi, fait du libre arbitre la racine de la liberté, Hegel conçoit celui-là comme un moment essentiel, mais subordonné, de celle-ci. Le libre arbitre s'actualisant dans le choix formel d'un contenu qui n'est pas une détermination, une différence du Soi s'identifiant à lui-même en la totalité signifiante ou en la raison concrète de sa vie spirituelle, présuppose le contenu de « son » être naturel : la liberté formelle consacre alors arbitrairement la nécessité sous-jacente de celui-ci. Cependant, le contenu naturel ne pouvant vraiment se totaliser, sa différence ou détermination échouant à s'identifier à elle-même dans une auto-détermination, celle-ci n'est possible comme réelle que si elle actualise la construction rationnelle ou spirituelle de l'existence humaine. C'est là la reprise consciente, dans le contexte moderne de l'affirmation du Soi singulier attaché à son libre arbitre, de l'organisation, en soi rationnelle, de la vie dans la cité antique ; le libre arbitre doit désormais animer, comme sa forme, le contenu rationalisé de l'existence, telle que cet Aristote des temps modernes qu'est Hegel s'emploie à le reconstruire dans sa « Philosophie de l'esprit ». Le hégélianisme veut ainsi réconcilier le principe antique de la liberté réelle en tant que totalisation organique de la vie et le principe moderne de la liberté formelle en tant qu'exercice du libre arbitre, dans l'auto-affirmation singulière ou individuelle de l'universel vrai ou du tout. La signification réelle, objective, éthico-politique, de l'entreprise est l'animation libérale moderne du totalitarisme antique. Sur le fondement de l'État restauré (après la tempête révolutionnaire) comme tout organique, mais proprement constitutionnel (à la différence de l'Ancien régime), assurant les droits des citoyens, laisser s'affirmer en ceux-ci les hommes dans une sphère socio-économique satisfaisant leurs intérêts privés et exaltant leur libre initiative, tel est bien le but qui fait s'accomplir, selon Hegel, au terme de l'histoire universelle, l'esprit objectivé dans cette seconde nature qu'est le droit.

*** Une telle conception de la liberté comme effectuation singulière ou subjective de l'universel substantiel se développe en sa vérité achevée, au-delà de l'esprit objectif, dans l'esprit absolu qui se dit religieusement et philosophiquement. La liberté hégélienne, en tant qu'accomplissement subjectif de la substance — le grand projet de Hegel fut bien d'élever la substance (l'universel) à la subjectivité (à la singularité) —, se fait anticiper par la religion absolue qu'est, à ses yeux, le christianisme. Le Dieu chrétien est pleinement libre en ceci qu'il n'*est* pas son être, l'universel, mais qu'il l'*a* et le maîtrise en se faisant ce qu'il est par une activité, c'est-à-dire (puisque agir, c'est nier) une négativité qu'il s'applique d'abord à lui-même en posant l'Autre que lui en lui-même, le Fils trinitaire, et hors de lui (si l'on peut dire), le monde créé culminant dans l'Incarnation christique. La représentation chrétienne exprime ce grand et beau thème qu'être libre, c'est, dans la création d'un Autre, se libérer de son propre être en faisant être un autre être lui aussi libre, et libre même à l'égard de son créateur ; être libre, c'est libérer. La liberté de Dieu consiste, pour l'universel qu'il est, à se singulariser, réellement en s'incarnant, la liberté de l'homme consistant, en retour, pour celui-ci, à s'universaliser ou diviniser à travers le sacrifice de sa singularité. La philosophie spéculative exprime conceptuellement une telle liberté qui, loin d'être alors seulement, comme la philosophie substantialiste de Spinoza le pensait, l'adhésion à la nécessité présupposée, s'aliène à elle-même en posant une nécessité à partir de laquelle elle se fait advenir pour elle-même, comme liberté. La liberté n'est pas une simple idéalisation de la nécessité ; la nécessité est bien plutôt un moment de l'auto-réalisation de la liberté.

Logique

* La logique hégélienne, exposée de façon indépendante dans la *Science de la Logique* (dite « Grande Logique ») et, au sein de l'*Encyclopédie des sciences philosophiques*, comme la première partie de celle-ci, avant la « Philosophie de la nature » puis la « Philosophie de l'esprit », n'a rien de commun avec la Logique formelle, surtout en sa forme contemporaine (symbolico-algorithmique). Elle est la « science de l'Idée » ou, selon la signification que Hegel, après Kant, donne à ce terme, de la totalité pensée de l'être, et, spécifiquement, de « l'Idée pure, c'est-à-dire de l'Idée dans l'élément abstrait de la pensée » (*E*, *SL*, § 19, p. 283), dans son sens exprimé comme tel et non pas à travers sa réalisation sensible naturelle ou spirituelle. Ce sens de l'être, le sens comme être ou l'être comme sens, n'est donc pas à entendre en un sens purement subjectif ou formel, comme s'il s'agissait de la pensée simplement pensante, mais aussi objectif, car désignant l'être qui est pensé. La Logique est *ontologique*. Plus généralement, elle « coïncide avec la métaphysique, la science des choses, saisies en des pensées qui passaient pour exprimer les essentialités des choses » (*ibid.*, § 24, p. 290). Elle a ainsi un contenu, à savoir l'être pris en ses déterminations universelles, qui sont des pensées, même quand elles se donnent comme objectives : qualité, quantité, substance, cause, objet..., et disent l'être, même lorsqu'elles semblent être de simples formes pensantes : concept, jugement, syllogisme, méthode... L'identité logique du subjectif et de l'objectif se différencie pourtant dans un processus qui fait passer de son contenu objectif à son contenu subjectif, de la Logique objective à la Logique subjective.

** Puisque seul le sens total est identique à soi sans renvoyer, contradictoirement, à autre chose, donc, à proprement parler, est, au lieu de se renverser dans un non-être, tandis que le sens élémentaire, présent dans tout sens, à savoir le sens « être », est, en tant que tel, en tant que détermination ayant pour contenu l'indéterminé, prototypique, par une telle contradiction, du mouvement même d'aller au-delà de soi, le contenu de la Logique est un processus qui, de lui-même, de façon pleinement immanente, se déploie en des déterminations de plus en plus complexes ou concrètes. La Logique se développe alors d'abord dans des déterminations dont le sens ne s'inclut pas lui-même, mais est comme tel présent seulement dans le sujet de la Logique, le philosophie logicien qui réalise en lui d'emblée le sens total saisi par lui en sa nécessité au terme du développement de son objet. La « Logique objective » expose pour commencer les déterminations de l'être comme *être*, qui, extérieures les unes aux autres, sont immédiatement ce qu'elles sont (qualité, quantité, mesure), et dont l'enchaînement ne peut donc être opéré que par le logicien. Puis les déterminations de l'être comme *essence* s'enchaînent ou médiatisent les unes avec les autres du dedans de chacune d'elles, grâce à leur contenu objectif devenu relationnel dans cette intériorisation essentielle de l'être (la substance se définit comme ce qui produit ses accidents, la cause comme ce qui a un effet...). Mais c'est seulement lorsque l'être a et n'est plus sa médiation intérieure, lorsque, comme *concept*, il se fait lui-même le sujet créateur de son développement, que — dans la « Logique [ainsi devenue] subjective » — le sujet et l'objet de la Logique s'identifient dans l'être comme sens total de lui-même, dans ce que Hegel appelle l'Idée, totalisation pensante de l'être pensé.

*** Si *le* logique en sa vérité, l'Idée comme auto-totalisation présente à soi du sens de l'être, commande toute sa réalisation, d'abord naturelle puis spirituelle, qui culmine dans *la* Logique fondant le savoir de soi encyclopédique de cet être, c'est à titre de moment, certes prioritaire, de l'être, mais d'un moment qui, en tant que tel, n'épuise pas l'être et n'est pas, pris pour lui-même, celui-ci en son absoluité. Cela, en raison même de son contenu achevé, qui n'est autre que l'auto-négation de l'Idée s'aliénant en une nature avant de s'y réconcilier avec elle-même comme esprit. En sorte que l'Idée est véritablement par l'esprit absolu s'achevant spéculativement en tant que Logique vérifiée encyclopédiquement ; elle n'a d'être que pour autant que cet esprit se présuppose lui-même comme son sens avant de se poser, à travers la nature, comme esprit. On ne saurait donc parler d'un panlogisme hégélien, qui supprimerait toute originalité des développements rationnels de la nature et de l'esprit. Bien loin d'être un simple revêtement sensible du logique alors clos sur lui-même comme seul lieu du sens, le contenu naturel et le contenu spirituel sont régis par une dialectique pleinement immanente à eux, assurément conditionnée par la dialectique logique, mais non pas abstraitement déterminée par elle. La nécessité logique, qui se *dit* en elle-même portée par la liberté absolue (à l'égard de soi) de l'Idée, n'*est* bien aussi elle-même qu'un moment, même prioritaire, de celle-ci.

Médiation

* La philosophie hégélienne est totalement une philosophie de la médiation, parce qu'elle est une philosophie de la médiation totale, à ce point totale qu'elle s'inclut elle-même en elle puisque les termes différents qu'elle réconcilie sont elle-même, la médiation, et son Autre, l'immédiat. Hegel, en effet, rejette, d'une part, l'affirmation unilatérale de la médiation comme pur agir qui ne ferait pas retour en lui-même dans un être, puisqu'une médiation avec *soi* est une médiation qui n'en est pas une, donc un immédiat — telle est bien la philosophie kantienne-fichtéenne d'un *entendement* dont les déterminations ne peuvent se reposer dans une totalité réelle. Et il rejette tout autant, d'autre part, l'affirmation non moins unilatérale de l'immédiat comme être offert *intuitivement* à lui-même en son identité sans le travail déterminant ou différenciant de l'entendement — telle est la philosophie du savoir immédiat ou de la croyance, illustrée par Jacobi et les penseurs romantiques. Recourbant la discursivité de la médiation sur elle-même en un immédiat final, au lieu de la laisser se poursuivre indéfiniment, mais saisissant tout immédiat apparemment initial comme fixant une médiation génératrice de lui-même, réunissant ainsi l'entendement et l'intuition, la raison hégélienne est bien la médiation absolue, puisqu'elle médiatise la médiation elle-même avec l'immédiat : « L'opposition d'une immédiateté subsistante-par-soi du contenu ou du savoir, et d'une médiation en face d'elle tout aussi subsistante-par-soi, qui ne pourrait être réunie avec celle-là, est à mettre de côté [...] parce qu'elle est une simple présupposition et assurance arbitraire » (*E*, *SL*, § 78, p. 342).

** Il n'y a pas d'immédiat qui ne soit aussi médiatisé. L'immédiat en son absoluité, l'être pur et simple, ne se révèle être que comme la double médiation, en elle-même opposée, qui, selon le début même de l'*Encyclopédie* hégélienne, fait se renverser l'être dans le non-être, ainsi devenu, et le non-être dans l'être, lui-même également devenu, ces deux devenirs se médiatisant l'un par l'autre dans un devenir global dont l'être même devient. Si « la médiation consiste à être sorti d'un premier terme pour passer à un second » (*E*, *SL*, § 86, p. 349), elle se développe en se médiatisant, en se réconciliant de plus en plus en elle-même. Ainsi, le devenir de l'être est extérieur à ses moments et les laisse extérieurs les uns aux autres, tandis que la réflexion de l'essence fait paraître ses moments les uns dans les autres, avant que le développement du concept ne les fasse se poser les uns les autres jusqu'à l'auto-création de leur totalité, l'Idée rendue immédiate en cette parfaite médiation avec soi, et créatrice elle-même de l'être, se donnant pour immédiat, de la nature. Cet être de la nature est médiatisé avec lui-même au-delà de celle-ci, qui est l'extériorité réciproque, la non-réconciliation, dans l'esprit, qui lui-même se médiatise pleinement avec lui-même dans le savoir absolu. Inversement, il n'y a pas de médiation qui ne se fasse immédiateté, qui ne s'achève en une présence totale à soi-même. Il y a une fin de l'histoire universelle et de l'histoire de la philosophie. La critique hégélienne de la progression infinie, du mauvais infini de l'entendement toujours poussé au-delà de lui-même par ses déterminations, limitées, est celle de la médiation abstraitement fixée à elle-même. En leur vérité, la médiation et l'immédiat s'identifient concrètement comme le mouvement et le repos, le temps et l'éternité, le relatif et l'absolu, le premier terme animant et vivifiant le second, alors totalement confirmé en l'être dans lequel il recueille celui-là.

*** Hegel, élevant à la réflexivité proprement philosophique son idéal de jeunesse, celui de la belle totalité, quasi naturelle, de la cité grecque, a d'abord philosophé contre les philosophies de la médiation subjective indéfinie de l'objet, en opposant à Kant et à Fichte, en compagnie de Schelling, l'affirmation esthétisante de la totalité. Mais sa critique s'est dirigée de plus en plus contre le courant, devenu dominant après la défaite de l'entendement révolutionnaire et impérial français, du savoir immédiat. Il présente une telle expression de « savoir immédiat » comme une contradiction dans les termes : le savoir, en tant que pensée déterminée, vise une différence identifiée, c'est-à-dire un contenu en lui-même médiatisé, tel celui, prototypique pour un Jacobi, de la pensée et de l'être de Dieu, mais le savoir d'un contenu médiatisé est nécessairement un savoir lui-même médiatisé en sa forme. La simple présence brute, immédiate, naturelle, d'un contenu dans l'esprit est impossible, puisque l'esprit est originairement activité sur soi ou activité absolue, médiation avec soi ou médiation absolue. Le savoir (qui se dit) immédiat est donc une médiation qui s'ignore et, de ce fait, ne peut se maîtriser : elle se rend passive de sa mobilisation alors naturelle. Le savoir immédiat, c'est l'esprit qui renonce à lui-même et à son progrès culturel en s'imaginant retrouver l'innocence naturelle. En fait, il retombe simplement au début de la culture, dont la fin seule peut restituer en la comprenant et fondant la richesse d'une nature seulement sauvée par l'esprit.

Nature

* La nature est, pour Hegel, l'un des trois moments fondamentaux de l'auto-développement de l'absolu. Mais elle est le moment médian de sa différence d'avec soi, de son opposition à soi réelle, situé entre les deux moments de son identité à soi, première et dernière pour le monisme hégélien : le moment de son identité à soi idéale — son sens total, l'Idée logique —, et le moment de son identité à soi réelle — l'esprit. La nature est réelle, ce qui la différencie de l'Idée, intériorité à soi du sens, car la réalité est d'abord la différence d'avec soi, l'extériorité réciproque du sensible : la nature est ainsi la « *contradiction non résolue* » (*E, N. Ph*, § 248, p. 54) de l'intériorité à soi du sens présente comme extériorité à soi du sensible. Le sens ne peut être présent sensiblement comme sens que dans le milieu de la réalité s'idéalisant, de l'extériorité réciproque se totalisant intérieurement, du sensible se réfléchissant en un sens, c'est-à-dire le milieu de l'esprit comme tel. Réelle comme l'esprit, la nature l'est moins que lui, car elle ne l'est pas par elle-même : sa contradiction interne fixée la fragilise ontologiquement, bien loin qu'on puisse l'absolutiser, comme le faisait le premier Schelling, en lui accordant un principe interne de totalisation, l'âme du monde. Pour Hegel, l'absolu est esprit, non pas nature. Mais l'esprit, qui, seul, est par lui-même et fait être tout le reste, réalise l'Idée, son Idée, qui n'est qu'en s'aliénant dans une nature, en se présupposant cette nature comme ce à partir de quoi et au sein de quoi il se pose en tant qu'esprit. Contre toute absolutisation de la nature, la philosophie de l'esprit qu'est le hégélianisme affirme la naturalisation de soi de l'absolu.

** La nature, telle originairement par l'extériorité réciproque de ses éléments, est essentiellement spatiale, car, dans le temps, l'extériorité, au lieu de s'étaler, commence de s'intérioriser dans la succession, où l'instant présent dissout en lui l'instant passé. Le temps n'est bien que la deuxième détermination de la nature, en laquelle celle-ci annonce la négation de sa contradiction interne, qui, cependant, n'aboutira pas à l'intérieur d'elle-même, mais exigera la position de l'esprit. C'est pourquoi, si, à sa cime, l'individu vivant, la nature fait retour à elle-même, s'identifie à elle-même dans la reproduction temporelle des germes, c'est de façon parcellaire et extérieure, sans que nulle part *un* développement universel d'elle-même la fasse se réaliser en *une* nature présente à elle-même comme telle. Il n'y a pas d'histoire de la nature, et la différence des règnes et des espèces n'est pas identifiée en elle-même par une dialectique *réelle* se traduisant dans une évolution. Au plus loin de tout évolutionnisme, la philosophie de la nature de Hegel propose de celle-ci une dialectique simplement *idéale*, présente en tant que telle seulement dans l'esprit qui la pense. La séquence : nature mécanique, nature physique, nature organique est donc purement conceptuelle ; nécessaire en son sens, elle ne s'inscrit pas comme telle dans l'extériorité sensible où s'aliène ce sens. En sorte que la nécessité qui règne dans la nature abrite en ses mailles une contingence irréductible. Une telle irrationalité singularisée affectera alors indirectement la vie même de l'esprit, dont l'histoire ne fait advenir que ce qui n'est encore qu'une seconde nature. La nature est ainsi, à cause de son milieu, l'extériorité réciproque où s'aliène l'Idée logique, impuissante quant à la réalisation pleinement rationnelle de la raison « C'est l'*impuissance* de la nature, que de ne recevoir les déterminations du concept que de façon abstraite et d'exposer la réalisation du particulier à une déterminabilité extérieure » (*E*, *N. Ph*, § 250, p. 63).

*** En relativisant ainsi la nature comme ce dont l'absolu spirituel fait sa présupposition réelle nécessaire, dans laquelle il peut se poser comme esprit en la niant concrètement, c'est-à-dire en la transfigurant en direction d'une seconde nature, Hegel dissout l'identification du naturel et du rationnel devenue traditionnelle dans la pensée moderne, par exemple à travers la désignation du « droit naturel ». Il veut mettre un terme à l'emploi ambigu du mot « nature », qui désigne aussi bien la réalité sensible native que le sens essentiel destinal dans lequel on vise généralement la liberté ; alors l'essentialité positive soulignée dans une telle liberté en rabaisse la réalisation négativement médiatisée à travers un véritable travail du négatif. Pour Hegel, en revanche, la liberté, qui nie la nature par son contenu, la nie aussi en sa forme : son être n'est qu'à se faire moyennant l'auto-activité ou l'auto-négativité qu'est la raison. Celle-ci ne s'avère ni comme simple être (sensible) ni comme simple essence (intelligible), mais, par-delà toute sorte de nature (physique ou métaphysique), comme la liberté constitutive du concept se réalisant spirituellement, créateur de lui-même en tant qu'il crée aussi une nature qui, bien loin d'être, à quelque degré que ce soit, pour lui un principe, est de part en part son œuvre immédiate, dont le sens vrai est de s'achever en l'esprit, en fournissant à celui-ci la distance d'avec soi lui permettant de se manifester à lui-même en tant qu'esprit.

Phénomène-Phénoménologie

* L'absolu, en tant qu'esprit, est essentiellement manifestation ou révélation de soi. L'un des degrés, le degré médian, de celle-ci est le phénomène (ou l'apparition : *Erscheinung*, de *erscheinen* : apparaître). Dans le phénomène, la distance requise entre ce qui se manifeste et ce qui est manifesté de lui se fixe pour elle-même dans leur extériorité, simplement réelle ou également vécue, au lieu d'être immédiatement résolue dans leur identité alors devenue pure présence à soi de son sens. L'extériorisation phénoménale de la manifestation fait de celle-ci une sensibilisation du sens, une naturalisation de l'Idée, qui se réfléchit en elle-même comme la représentation d'un objet par un sujet, car se représenter (*vorstellen*) quelque chose, c'est, pour ce qui se réfléchit en soi-même comme sujet, placer (*stellen*) devant (*vor*) soi, face à soi, s'objecter, ce qui lui est alors précisément un objet. L'esprit, en tant qu'il s'apparaît à lui-même à travers la relation sujet-objet, est la conscience (voir article *Conscience*). L'étude rationnelle, scientifique, de la conscience est bien la *phénoménologie* de l'esprit, l'étude de l'esprit en son phénomène ou en son apparaître.

** Contrairement à ces philosophies de la conscience ou de la relation sujet-objet, Moi-Non Moi, que sont, à ses yeux, un kantisme et un fichtéanisme se réduisant, en fait, à une phénoménologie, Hegel élabore une philosophie intégrale de l'esprit, qui contient, entre autres, une phénoménologie considérablement révolutionnée en son principe et développée en son contenu. L'esprit, intériorisation réfléchie en soi de l'extériorité sensible ou naturelle du sens ou de l'Idée, est d'abord en tant qu'âme ; dans l'âme, objet de l'anthropologie, la nature devient présente à elle-même, sympathise avec elle-même comme sentir, sans que son contenu vienne encore lui faire face comme un objet à un sujet. Cette dernière relation, dans laquelle l'esprit s'apparaît à lui-même, se fait le phénomène de lui-même, constitue la conscience. Celle-ci est un processus, car l'activité déployée par le sujet pour se rendre adéquat — dans la vérité — à l'objet saisi par lui comme être modifie aussi cet objet, qui n'est que l'objectivation de lui-même ; la phénoménologie de l'esprit fait comprendre la progression de la conscience en direction de la suppression de l'inadéquation du sujet et de l'objet, de la pensée et de l'être. L'au-delà de la phénoménologie est alors saisi de deux manières par Hegel, selon la portée qu'il accorde à celle-ci. Dans l'*Encyclopédie*, où il n'a en vue, en traitant de la conscience, que sa forme abstraite, non pas son contenu mondain concret, il la fait déboucher sur l'esprit *stricto sensu*, identification elle-même simplement formelle du sujet et de l'objet, étudiée par la psychologie. Mais la *Phénoménologie de l'esprit*, qui explorait le contenu intégral de l'esprit, contenu resté, même pour celui-ci élevé à sa forme psychologique, autre que lui, ne peut se dépasser que dans la science encyclopédique transpénétrant d'emblée rationnellement tout l'être. Alors, le phénomène est universellement conçu comme la phénoménalisation de soi médiane de l'absolu qui n'est qu'à se manifester.

*** L'Encyclopédie hégélienne, qui fonde ainsi le statut général du phénomène dans le déploiement de l'absolu, se présente elle-même, en sa clef de voûte, la philosophie de l'esprit dans son absoluité, comme la rationalisation du processus selon lequel la religion vraie du christianisme se représente la vie de Dieu. Le Dieu chrétien se donne à penser comme une manifestation de soi qui, après avoir animé son en-soi trinitaire à travers le moment du Fils, s'extériorise phénoménalement dans la création d'une nature culminant avec l'Incarnation christique ; ce phénomène de Dieu se nie lui-même dans la mort et la résurrection du Christ, inauguration de la présence à soi concrète de l'esprit divin dans la communauté des fidèles, par-delà les scissions mondaines de la représentation physique de Jésus. La spéculation conceptualise cette histoire de Dieu dans la dialectique rationnelle qui fait passer de l'Idée, se distançant intelligiblement d'elle-même dans la différence de l'essence et de l'être ensuite réunis conceptuellement, à la nature, aliénation sensible, extériorisation phénoménale, de cette Idée, puis à l'esprit, qui est l'intériorisation du phénomène naturel dans la manifestation de soi de l'absolu alors manifestée comme telle.

Raison

* Hegel, dans sa conception de la raison, s'inscrit formellement dans l'héritage kantien tout en en renversant le contenu. C'est bien Kant qui, distinguant la raison (*Vernunft*) de l'entendement (*Verstand*),

identification ou universalisation formelle ou abstraite d'une diversité ou différence empirique en tant que telle limitée ou particulière, la définit comme l'identification ou universalisation concrète, c'est-à-dire *totale*, de la différence qu'elle *détermine* intégralement au lieu de simplement la *conditionner* segmentairement, parce qu'elle la produit originairement par une différenciation de soi d'elle-même. Mais cette totalisation rationnelle que Kant jugeait, théoriquement, simplement régulatrice ou idéelle, et non pas constitutive ou réelle, Hegel en fait le principe de toute réalité véritable. La grande double équation du hégélianisme, hiérarchisée en ce que sa première formulation rend raison de la seconde, est bien, selon la Préface des *Principes de la philosophie du droit* : « Ce qui est rationnel est effectif, et [par conséquent] ce qui est effectif est rationnel ». Le rationalisme hégélien intègre donc dans l'essence même de la raison ce que le rationalisme antérieur, encore chez Kant et même chez Fichte, opposait à celle-ci en fait toujours soumise à l'entendement par son formalisme maintenu à travers sa portée seulement régulatrice, à savoir la différence empirique reçue de l'extérieur. Étant ainsi la totalisation effective de l'être rendu alors sensé, la raison comprend en elle tout ce qui donne sens et être, notamment, entre autres pouvoirs ou capacités, l'entendement en cela rabaissé à un moment d'elle-même. On passe ainsi d'une pensée intellectuelle de la raison à une pensée rationnelle de l'entendement.

** En tant que totalisation effective, c'est-à-dire identité de l'identité (traditionnellement attribuée à la « raison ») et de la différence (renvoyée ordinairement à la réalité), la raison hégélienne se présente comme aussi bien réelle qu'idéale, aussi bien objective que subjective. Principe ainsi universel de tout sens et de tout être, puisqu'elle assure l'identité du sens et de l'être, la raison conjoint en elle la différenciation de l'identité et l'identification de la différence alors posée, celle-là fondant nécessairement celle-ci pour une philosophie moniste comme l'est le hégélianisme. L'identité que la raison se présuppose, en tant qu'*entendement* (moment pré-rationnel d'elle-même), à elle-même en tant que *proprement rationnelle*, est, en effet, du fait de son abstraction, soumise à une différence qui la rend autre qu'elle, non-identité, et donc contradictoire : telle est l'œuvre de la raison proprement dite, en son moment négatif ou, plus précisément, *dialectique* (le « négativement-rationnel ») ; il s'agit bien de raison, car l'auto-négation dialectique de l'identité abstraite identifiant à elles-mêmes, quelles qu'elles soient, toutes les déterminations et différences données, et, par là, les opposant les unes aux autres, instaure en soi leur identité concrète ou vraie. En son moment terminal positif (le « positivement rationnel »), la raison pose cette identité concrète des différences prises en considération, et s'accomplit en sa vérité *spéculative* de miroir de l'être vrai, identité du sens (l'identité à soi) et de la réalité (la diversité). Identifiant les opposés, la raison s'oppose à elle-même en son moment originel d'entendement et scandalise cet entendement qui, dans ce qui est proprement rationnel, ne voit que du mystère ou ce qu'il appelle de l'irrationnel. Ainsi, la raison s'est bien elle-même formée rationnellement en se contredisant dans l'accueil de ce qui dépasse et heurte l'entendement avec lequel elle se confond originairement, accueil de ce qu'elle prend pour l'autre qu'elle, à savoir cette épreuve ou expérience qu'elle finit par reconnaître comme sa présupposition intuitive inaugurale d'elle-même.

*** Le rationalisme hégélien est une telle reconnaissance de l'Autre apparent de la raison se méconnaissant d'abord elle-même. Contre la raison se figeant en entendement traitant la contradiction de façon abstraitement négative, Hegel fait l'éloge du bon sens (tel celui d'un Voltaire), qui fait droit en lui-même à la variation en s'ouvrant à l'antinomie des choses et qui, s'il mélange plus qu'il ne synthétise à proprement parler, se libère néanmoins de la pensée seulement abstraite. L'expérience est saluée en sa dimension la plus empirique, en sa positivité la plus contingente dans le détail des faits, et même si cette contingence ne peut compromettre la réalisation de la raison universelle. La philosophie spéculative s'ancre elle-même, comme accomplissement de la raison réfléchie, dans l'expérience historique, et se présente elle aussi, à l'égal de toute philosophie, comme son temps saisi dans la pensée. Elle dit bien sa dette à l'égard de ce qui est, pour elle, la cime de l'expérience humaine, la conscience religieuse chrétienne où elle a trouvé, avant de le justifier conceptuellement, le thème inouï de la réconciliation, à travers l'affirmation de l'Incarnation humaine de Dieu, de l'universel et de la singularité, de l'identité de l'identité et de la différence, qui définit la raison. Le rationalisme hégélien est ainsi concret parce qu'il conçoit la raison comme l'unité d'elle-même et de son Autre.

Science

* Hegel élève au-dessus des « sciences positives », qui présupposent d'emblée leur objet, un secteur déterminé du réel, qui l'accueillent en son contenu empirique donné, et qui le comprennent en utilisant les catégories et principes reçus de l'entendement, triple limitation de l'activité auto-fondatrice de la pensée, la *science véritable* qui réalise celle-ci. Dans l'idéal d'une telle science, la pensée doit déterminer à partir d'elle-même, donc librement, et dans l'identité à soi de cette détermination ou différenciation, donc selon une nécessité témoignant de sa vérité, par là dans une réunion de la liberté et de la vérité comblant l'esprit, le champ de son objet, son contenu et la mise en forme méthodique de celui-ci. C'est un tel idéal que peut et doit, seule, réaliser la philosophie, dans son projet spéculatif de refléter, tel un miroir (*speculum*), l'être lui-même, en y étant parfaitement chez soi pour autant que ce miroir est le miroir pensant de cet être. Kant, puis Fichte et Schelling lui-même, avaient bien entrepris de rendre la philosophie — déchirée antérieurement en sa visée transcendante pré-critique, en cela arbitraire, de métaphysique de l'objet — scientifique, en la constituant comme une métaphysique du sujet se pensant, de façon pleinement immanente, dans son déploiement nécessaire ; mais c'était au prix d'un renoncement de l'entendement (ou d'une pseudo-raison fixée à son formalisme) à saisir l'objet ou l'être en soi, alors livré aux entreprises irrationnelles procédant de l'intuition prophétique romantisante. Hegel veut dépasser, dans la philosophie élevée à la scientificité, et la rigueur du simple formalisme de la pensée, et l'arbitraire de l'être seulement intuitionné. Or, pour lui, l'élaboration d'une telle philosophie scientifique est une tâche à la fois nécessaire et réalisable.

** Hegel, qui resitue la science — qui pourtant prétend à une vérité éternelle — au sein de la culture de son époque, dont elle veut surmonter l'aliénation originelle, au fond l'opposition sujet-objet, considère qu'elle est enfin parvenue au seuil de sa constitution définitive et absolue. Le dépassement historiquement exigé de l'entendement révolutionnaire et de son Autre, la restauration romantique de l'intuition, dans la réconciliation de la liberté du Soi et de l'autorité du tout, ne peut se penser fondamentalement que dans la philosophie spéculative, où la totalisation de l'être se reconstruit dans la liberté du Soi pensant. À cette « nécessité extérieure » de la science, la Préface de la *Phénoménologie de l'esprit* ajoute sa « nécessité intérieure », qui consiste en ce que le savoir de l'être le plus général ou le plus immédiat n'est possible qu'en se fondant sur le savoir de soi spéculatif de l'absolu. C'est là ce qu'établissent aussi bien la *Phénoménologie de l'esprit*, montrant que le moindre savoir implique l'affirmation finale de l'identité totale du savoir et de l'absolu, élément ou milieu de la science proprement dite, que, dans sa suite, l'*Encyclopédie des sciences philosophiques*, qui détermine ou différencie cette identité élémentale du savoir en une science effective, dont le développement rigoureux pose *in fine*, comme seule constitutive de l'être en son absoluité, la science spéculative elle-même. La science se fait ainsi métascience, et ce retour en elle-même, cet être-chez-soi d'elle-même, révèle bien là comme le mot ultime de l'être sur lui-même l'identité de la liberté et de la vérité, c'est-à-dire l'esprit en son absoluité. Cette liberté vraie ou cette vérité libre se manifeste déjà tout au long de la science, en ceci que son contenu et sa méthode sont parfaitement identiques. La méthode scientifique, dialectico-spéculative, est l'auto-mouvement du contenu, ce que Hegel appelle le concept, foncièrement libre en sa vérité : « La méthode n'est rien d'autre que la construction du tout, érigée en sa pure essentialité » (*Phgie*, Préface, p. 119), et « la science ne peut s'organiser que par la vie propre du concept » (*ibid.*, p. 131). Les catégories de la science, qui posent son contenu, sont donc elles-mêmes posées par la pensée de l'être s'analysant dialectiquement en elles. La science, en cette constante liberté de sa vérité déployée, peut bien achever la réconciliation du sujet et de l'objet, du Soi et du tout, en laquelle l'esprit jouit de son absoluité.

*** L'élévation de la science philosophique au-dessus de la limitation ou finitude des sciences positives, rivées à la juxtaposition, en elles, de l'empirisme de leur intuition et du formalisme de leur entendement, ne signifie pourtant aucunement une séparation, laquelle serait mortelle à l'esprit, qui est réunion. Les sciences positives — ces mélanges de rationalité scientifique et de positivité non rationnelle — peuvent et doivent renforcer leur scientificité en limitant la positivité qui limite celle-ci. D'abord en profitant d'une insertion de leurs *principes*, présupposés et non fondés en elles, et des *catégories générales* ponctuant leur développement, fixées à elles-mêmes et en cela également non fondées, dans le contenu même de la science spéculative. Et c'est bien ce que leur offre cette dernière, au demeurant incitée par elles à sortir des généralités abstraites, dans l'intérêt préalablement porté

— comme ce fut toujours le cas chez Hegel — au riche contenu de l'expérience. La science spéculative va au-devant de l'expérience et de ses sciences en se différenciant et déterminant comme une *encyclopédie* des sciences liant entre eux, *systématiquement*, au sein de la raison concrète, leurs principes et leurs organismes généraux, ainsi justifiés et avérés : « Ce qui est vrai dans une science l'est par l'intermédiaire et en vertu de la philosophie, dont l'encyclopédie embrasse par conséquent toutes les sciences véritables » (*E*, *SL*, 1817, § 10, p. 159). Mais l'Encyclopédie des sciences *philosophiques* ne contient que ce qu'il y a ainsi de philosophique ou de rationnel dans les sciences. Elles ne veut pas entrer dans ce qu'elles ont de *proprement positif*, leur détail livré à la contingence, et dont l'unification incombe à l'entendement par là libéré en son droit subordonné, mais réel. Il est vrai que la raison scientifique justifie cette auto-limitation d'elle-même, qui ne compromet en rien sa souveraineté universelle, car elle sait qu'il est rationnel qu'il y ait de l'irrationnel à l'échelle de la particularité empirique.

Spéculatif

* La philosophie de Hegel s'oppose à la philosophie réflexive de Kant et Fichte, pour qui la *réflexion* constitutive d'un Soi le séparerait à jamais de l'être lui-même, comme une philosophie spéculative de la pensée promue en miroir *reflétant* l'être dans lui-même. À une philosophie de la relativité de la connaissance vient ainsi faire face une philosophie de la connaissance absolue, affirmant que l'absolu est auprès de nous parce qu'il est originairement manifestation de lui-même à lui-même à travers tout ce qui est. Une telle conception du *statut* de la pensée humaine comme pensée de soi de l'absolu implique une certaine *constitution* interne d'elle-même, comme organisation de moments parmi lesquels le moment dit spéculatif joue le rôle décisif.

** Si la pensée requiert d'abord l'identité à soi d'un sens, tandis que la réalité s'impose comme telle par la richesse surprenante de sa diversité ou différence, la pensée conforme au réel, c'est-à-dire vraie, doit satisfaire aux exigences de cette identité-là, de cette différence-ci, et de leur identité. D'où les trois moments de toute pensée vraie de l'être. D'abord, le moment de l'*entendement*, qui identifie à soi-même tout ce qui a sens et être, mais qui, par là, le différencie de tout le reste, et donc nie, plus radicalement encore qu'il ne l'affirme, l'identité de ce qui est.

L'affirmation véritable de l'identité, au niveau même des différences, par conséquent comme identité différenciée ou déterminée en elle-même, donc concrète, ou comme totalité, est alors l'œuvre de la *raison* en tant que telle, principe des deux moments suivants. Dans le deuxième moment de l'acte de pensée, la raison affirme l'identité concrète des déterminations fixées, ou figées, par l'entendement, en creux, négativement, en mobilisant l'auto-négation de chacune d'elles, que son abstraction, au fond l'abstraction d'elle-même par elle-même, fait se renverser dans son opposée : le moment « négativement rationnel » qu'est le *dialectique*, en niant l'être-différent des différences, affirme en fait, en soi, leur identité concrète. Mais c'est seulement dans le troisième moment de l'activité pensante que la raison affirme positivement cette identité concrète. Ce n'est possible que si les opposés réunis reçoivent, avec leur forme nouvelle de moments ou aspects idéaux intégrés à leur identité alors concrète ou totalité, seule réelle, un contenu lui aussi renouvelé par cet enrichissement relationnel. Par exemple — et pour nous en tenir au début de la spéculation — l'être pris pour lui-même et se renversant dans le néant et le néant pris pour lui-même et se renversant en l'être se réunissent dans le devenir, mais en ayant désormais le sens d'être, le premier, l'être advenu ou devenu à partir du néant : l'apparaître, et le second, le néant advenu ou devenu à partir de l'être : le disparaître ; or, tout apparaître est bien aussi, en son sens, un disparaître (si A apparaît à partir de B, B disparaît en A). Ce troisième moment du penser est dit « positivement rationnel » ou « spéculatif » : « Le *spéculatif* ou *positivement-rationnel* appréhende l'unité des déterminations dans leur opposition, l'*affirmatif* qui est contenu dans leur résolution et leur passage [en autre chose] » (*E*, *SL*, § 82, p. 344). Il peut bien être désigné précisément par le terme de spéculatif, puisqu'il réalise l'identité de l'identification du contenu alors pensable et de la différenciation de sa pensée même, alors comme telle réelle. Seul ce moment spéculatif assure l'unité du penser et de l'être constitutive de la spéculation, miroir de soi pensant de l'être. Assurément, une telle spéculation est dénoncée par l'entendement comme non-pensée, au motif que le spéculatif, désigné autrefois comme le « mystique » ou le « mystérieux » (*E*, *SL*, § 82, Addition, p. 517-518), nie le principe de l'identité (abstraite) en affirmant l'identité (concrète) des opposés. Mais la pensée qui veut être vraiment, absolument, identique à elle-même doit, puisque l'entendement est nécessairement en proie à la dialectique, surmonter celle-ci spéculativement. Penser absolument, c'est nécessairement spéculer.

*** La *nécessité* interne de la pensée spéculative, qui identifie la position d'une nouvelle détermination (par exemple le devenir) à la négation, moyennant leur totalisation, de l'auto-négation des déterminations antérieures séparées (par exemple l'être et le néant), est cependant portée, lors d'une telle position, par l'invention du *contenu* de la nouvelle détermination. Le moment dialectique a, certes, rendu nécessaire la position de la *forme* de celle-ci comme identité de ce qui, séparé, s'est annulé. Mais avoir ainsi prouvé que ce qui est, puisque l'exclusion réciproque des déterminations précédentes fait se nier chacune d'elles, c'est leur identité, ce n'est pas *ipso facto* trouver le contenu d'une telle identité, car celles-là ne peuvent être identifiées qu'en étant devenues les moments de celle-ci, donc comprises à partir d'elle dans le saut de son invention, de sa *libre* invention ; mais cette libre invention procède de la génialité du philosophe spéculatif. C'est cela qui fait apparaître, à chaque étape de la progression hégélienne, son discours comme arbitraire, si, rétrospectivement, une fois accomplie, cette étape, d'un autre côté, apparaît comme ne pouvant être que celle qu'exigeait le mouvement dialectique précédent. La spéculation, envisagée en sa démarche, concilie bien, à la cime de l'esprit absolu, la nécessité — l'objet — et la liberté — le sujet — de son discours, et cette conciliation ou identification de la liberté et de la nécessité est portée, comme il est nécessaire dans une philosophie qui a voulu être une philosophie du sujet, et non pas simplement de la substance, par la liberté elle-même.

Système

* « La figure vraie dans laquelle existe la vérité ne peut être que le système scientifique de celle-ci » (*Phgie*, Préface, p. 47), si bien qu'« une démarche philosophique sans système ne peut rien être de scientifique » (*E*, *SL*, § 14, p. 180). Pour Hegel, comme pour Kant, Fichte et Schelling, la philosophie doit s'élever à la scientificité, et elle ne peut y réussir qu'en se systématisant. Or, le système est un *tout*, une identité de différences, mais, un tout *déterminé*, une identité en elle-même différenciée des différences en elles-mêmes identifiées. Il est ainsi l'œuvre de la *raison*, laquelle est bien l'identification de l'identification

des différences et de la différenciation de l'identité, dans une égale reconnaissance de l'identité et de la différence comme moments nécessaires de leur tout. Un tel système nie alors aussi bien la pensée *intuitive*, par exemple romantisante, qui tend à dissoudre les différences dans l'identité riche, mais confuse, d'un tout syncrétique et non pas proprement synthétique ou systématique, que la pensée d'*entendement* qui, lors même que, comme chez Kant, elle veut se faire raison et systématiser, fixe à elles-mêmes des différences simplement rassemblées « sous » l'identité d'une Idée elle-même non affectée par elles. Le système est, chez Hegel, un tout strictement organisé, qui se déploie dans l'*Encyclopédie des sciences philosophiques*.

** Pour Hegel, comme pour ses prédécesseurs dans l'idéalisme allemand, le système, en tant que tout déterminé, ne peut être que fermé, la progression de sa constitution ne pouvant consister à lui ajouter par extension des déterminations de même niveau (dont le lien aux antérieures empêcherait celles-ci de jamais se lier par elles-mêmes en un tout), mais seulement à enrichir la compréhension des déterminations déjà posées, comme le disait Kant dans l'« Architectonique de la raison pure ». Or, ce tout fermé sur soi peut l'être comme une machine totalisée de l'extérieur par son inventeur, tel l'architectonicien kantien, ou comme un organisme vivant se totalisant lui-même de façon immanente : ainsi Hegel veut laisser se construire le système pensé dans sa pensée, qui se veut et sait la pensée de soi de ce système. L'immanence du tout à ses parties, de l'identité à ses différences, fait de chacune de celles-ci l'identité elle-même qui se différencie et, âme omniprésente dans son corps, en enchaîne les parties les unes avec les autres en agissant en son identité à travers elles. Chaque détermination, restant identique à soi dans sa différence interne, se réalise comme un cercle, qui s'enchaîne lui-même avec le cercle de la différence prochaine. Le système est de la sorte un enchaînement de cercles se liant successivement les uns aux autres en différenciant leur identité totale, mais celle-ci se présente aussi à même eux en tant que telle, faisant alors de leur enchaînement lui-même un cercle : « Le tout se présente [...] comme un cercle de cercles, dont chacun est un moment nécessaire, de telle sorte que le système de leurs éléments propres constitue l'Idée tout entière, qui apparaît aussi bien en chaque élément singulier » (*E*, *SL*, § 15, p. 181). Cette circularité du système fermé du savoir spéculatif signifie que, dans son exposition successive, celui-ci aboutit à une ultime proposition, telle parce qu'elle recouvre la première. Cette proposition terminale a pour *contenu* la *position du contenu* de la proposition initiale, dont la position, œuvre du sujet (philosophant) du savoir, est seulement présupposée par son objet : le premier contenu du cercle, du cycle, de l'*Encyclopédie* hégélienne est l'être, posé par l'esprit absolu œuvrant dans le philosophe, et son dernier contenu est cet esprit absolu lui-même posant l'être en tant qu'il spécule philosophiquement. Faisant ainsi retour, en sa fin, à son commencement, le système s'englobe en lui-même dans la réunion absolue de son dire et de ce qui est dit par lui.

*** Une telle identification, propre au système hégélien, de son objet et de son sujet, de son contenu et de sa méthode, l'objet se révélant comme l'objectivation de soi du sujet, le contenu comme le dépôt de la méthode, en fait un système *vivant*. Auto-déploiement de la pensée à chaque fois strictement déterminée par l'entendement dans ses moments engendrés par la raison dialectico-spéculative, le système hégélien est, de part en part, en toute sa rigueur, fondamentalement vie et activité. Car, bien loin d'être mû seulement de l'extérieur par l'agir arbitraire d'une pensée qui ne serait pas la pensée de soi d'un contenu reposant, mort, en son identité à soi, et n'autorisant dès lors, comme discours nécessaire sur lui-même, que le formalisme piétinant de la déduction, il vit de la *dialectique* nécessitante de son contenu, œuvre en celui-ci, pleinement identique à sa forme, de sa négativité, c'est-à-dire de son activité absolument réactivée par la spéculation. Et l'on sait (voir article *Spéculatif*) que cette dialectique est, à chaque fois, portée par la liberté qu'est l'auto-position de la synthèse résolvant l'antithèse motrice. À l'opposé d'un ordre sclérosant contraignant les contenus idéaux ou réels arrachés à la vie de la raison et de l'expérience, le système exprime, chez Hegel, la vie libre de l'esprit absolu, qui vivifie en les justifiant toutes les données de l'expérience et de l'existence en lesquelles il se manifeste. Le système hégélien est bien la libre effectuation de soi, en toute sa vérité, de l'absolu.

Abréviations

E, SL	*Encyclopédie des sciences philosophiques, I. La science de la logique*, trad. B. Bourgeois, Paris, Vrin, 1970.
E, N. Ph	*Enzyklopädie der philosophichen Wissenschaften, II. Naturphilosophie*, in *Hegel. Sämtliche Werke*, éd. H. Glockner, 9, Stuttgart, Fr. Frommanns Verlag, rééd. 1958.
E, Ph. E	*Encyclopédie des sciences philosophiques, III. Philosophie de l'esprit*, traduction B. Bourgeois, Paris, Vrin, 1988.
Phgie	*La phénoménologie de l'esprit, Préface et Introduction*, traduction B. Bourgeois, Paris, Vrin, 1997.
VG	*Die Vernunft in der Geschichte* [*La raison dans l'histoire*], éd. J. Hoffmeister, Hambourg, F. Meiner Verlag, rééd. 1963.
WG	*Vorlesungen über die Philosophie der Weltgeschichte* [*Leçons sur la philosophie de l'histoire mondiale*], éd. G. Lasson, II-IV, Hambourg, F. Meiner Verlag, rééd. 1968.
CE	*Cours d'esthétique*, traduction J.-P. Lefebvre et V. v. Schenck, I-III, Paris, Aubier, 1995-1997.

Sommaire

Aubin Imprimeur, 86240 Ligugé. — D. L. : février 2003 — Impr. L 64644
Imprimé en France